齐 鲁 文 化 与 治 国 安 邦 ｜ 张文珍 王凤青 主编

齐鲁文化中的
礼法之治

李国江 著

人 民 出 版 社

目　录

绪　论

　　中华大地孕育滋养了中华文化百花园，齐鲁文化园地五彩斑斓、璀璨夺目。其中盛放的礼法文化之花尤显生辉，吐露着礼法之治的芳华。新时代中国之治汲取礼法文化传统蕴含的治道智慧为其所用，需要深耕齐鲁文化园地，从中探寻礼法之治的渊源、演进和运作的方法及模式。

（一）礼：古代社会经国安邦的"大经大法"

1. 礼的起源

　　所谓"礼"，是中国古代社会长期存在的、旨在维护宗法血缘关系和宗法等级制度的一系列精神原则和言行规范的总称。"礼"字初文作"豊"，始见于商代甲骨文，从字的结构上来说，是在一个器皿里面盛两串玉以奉事于神。就此而言，礼大概源起于原始社会的祭祀活动。据许慎《说文解字》："礼者，履也，所以事神致福也。"这是说礼是用来祭祀天地鬼神，以求祈它们赐福于人类的。在人类文明的早期，先民受制于生产力和科学技术，无法对自然界的种种现象和人类自身进行合理解释，认为天地鬼神才是自身的主宰，因此，只有对其敬畏顺从，才能避祸趋福。为此，用于表达先民敬意的祭祀便成为先民社会生活中非常重要的一部分。由于祭祀活动的重要性，祭祀必须频繁举行，再加之先民对于祭祀活动秩序的敬畏，久而久之，祭祀活动的主持者和参与者、祭祀程序的安排、祭祀用品等都被仪式化地加以规范，并具有了相当的普遍性，这形成了最初的祭祀之礼。被仪式化了的主持者、参与者、祭祀程序和用品则构成了最初礼的内容。"最古之礼，专重祭祀"就说明了礼的产生与祭祀间的紧密联系。

　　值得注意的是，在先民祭祀活动中产生的礼，由于其重要性和普遍性，使得维护祭祀活动的秩序普遍化为先民社会生活的准则，成为调整先民社会关系的重要行为规范。因此，在先民生活中源于祭祀活动的礼，不再仅仅是生活的一项重要仪式来规范祭祀秩序，而且被普遍化为天地间社会关系的秩序，正所谓"礼者，天地之序也"（《礼记·乐记》）。在此意义上，最初的礼也具有了规范准则的法度意义。礼就由原始社会的祭祀仪式发展到社会运行领域，成为维持社会秩序的工具。依礼维持社会秩序的这种状况在我国一直持续到原始社会末期。《商君书·画策》对我国神农时代秩序做过如下描绘："男耕而食，妇织而衣；刑政不用而治，甲兵不起而王。"而儒家则把禹之前的原始社会描述为"谋闭而不兴，盗窃乱贼而不作，故外户而不闭"（《礼记·礼运》）的大道畅行的大同社会。由这些描述可见，原始社会大部分时间里，法律规范是不存在的，先民的社会关系主要由源于祭祀的礼来规范调整，形成了原始先民依礼而治的社会状况。

2. 周公制礼

原始社会经过千百年的发展，社会阶级明显分化，国家开始形成。原始先民之礼至此也为之一变，被注入了血缘亲疏、等级尊卑的内容，成为统治阶级构建国家秩序的重要工具。从现存的古代文献来看，我国的夏、商两朝已经出现了规范国家秩序的"礼"，即夏礼和殷礼。孔子曾说："殷因于夏礼，所损益，可知也。"（《论语·为政》）这就是说商朝继承了夏朝的礼仪制度，所减少和所增加的内容是可以知道的，表明了其间存在密切的渊源承继关系。事实上，从"礼"的连续性来看，"夏礼"和"殷礼"的存在相承是很自然的。但就文献来看，缺乏对"夏礼"和"殷礼"全面、系统的记述，在孔子的时代已"文献不足"，而且从礼本身的发展来看，"夏礼"和"殷礼"在形态上尚未发育成熟，但是"礼治"文化至此确是有了进一步发展。

至西周，"周因于殷礼"，"礼治"文化迎来了其发展过程中极为重要的阶段，形成了形态成熟的"周礼"。关于周礼的形成，流行的说法即"周公制礼"。《左传·文公十八年》首次记有"先君周公制周礼"一说。另据《礼记》等早期文献记载，周公在摄政期间，将从远古到殷商的原始礼仪加以折中损益，再加上周族自己原有的礼制，进行了大规模的整理、改造和规范，制定了一套通行全国的系统的礼制，历史上将周公整理礼

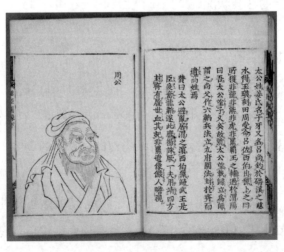

周公画像（选自《历代君臣图像》）

制的活动称为"周公制礼"。周公制礼可以说是对三代之礼开展的一次成果大总结活动。"三代之礼一也,民由共之。"(《礼记·礼器》)可见,"周礼"就是将以祭神为核心的原始礼仪加以改造制作,使其系统化,扩展成的一整套习惯统治法规。经过周公制礼,礼更趋系统化、制度化,成为当时维护社会秩序、调整社会关系的重要规范准则和秩序法规。可以说,整个西周社会被纳入一个庞大的"礼治"秩序之中,在西周时代国家生活和社会生活各个方面都发挥着广泛的规范作用。《礼记·曲礼》说:"道德仁义,非礼不成;教训正俗,非礼不备;纷争辩讼,非礼不决;君臣、上下、父子、兄弟,非礼不定;宦学事师,非礼不亲;班朝治军,莅官行法,非礼威严不行;祷祠祭祀,供给鬼神,非礼不诚不庄。"这段话表明从道德领域到国家政治领域、司法领域,从国家大事到家庭琐事,从君臣关系到父子兄弟关系,礼都不可或缺。从社会控制的角度看,"周礼"已成为一个完备的礼治体系,发挥着维系西周奴隶制国家运转的重要功能。西周时的诸侯们必须按各自的等级以及与周天子血缘的亲疏臣服于周王朝,这就是遵"礼",否则是违"礼"。

3.礼崩乐坏

随着周王室的衰落,诸侯争霸,群雄并起,维护西周根基之"礼"的传统礼仪开始被怀疑和反对。这一方面表现在思想观念上的质疑,人们对礼产生了各种各样的解释。其中就有认为"礼"不应只是一套盲目遵循的外在仪式，而应有其自身本质的东西，开始注意到"礼"和"仪"的区别，并强调不应将其混为一谈。如子产曰："是仪也，非礼也。"《礼记·郊特牲》也说："礼之所尊，尊其义也；失其义，陈其仪，祝史之事也。"这两段话都说明了外在仪式不能等同于礼，从反面反映出当时社会行礼过于看重仪式，重标不重本的流弊现象。这种在思想观念上对礼的不同认识在春秋战国时代一直存在。有学者曾指出："从春秋到战国，从《左传》到《荀子》，有对礼的各种解释，其中区分'礼'与'仪'便是重要的共同之处。"①另一方面在社会生活的履礼实践中也出现了悖礼甚至僭越礼的行为。春秋二百四十二年的时间，君臣士大夫言及政治人生，无不以礼为准绳。与春秋时期礼作为一切伦理政治准绳不同，到战国时，"礼"已全等于"仪"而失去了其重要性。学术争鸣的百家中，除了儒家之外，绝少言礼，而战国称雄的七国也绝不言礼，社会进入了礼崩乐坏的时代，整个春秋战国社会转型期，"礼"被空前漠视甚至遭弃。实际上，维护奴隶主贵族等级秩序的礼治至此时已逐渐衰落。

4.一准乎礼

春秋以来随着宗法制度为核心的奴隶等级秩序的渐趋解

---

① 李泽厚：《中国古代思想史论》，生活·读书·新知三联书店2008年版，第14页。

体，维护旧奴隶主阶级利益的"礼治"秩序日趋衰微。至秦统一后，以秦始皇为代表的秦统治者彻底抛弃礼治传统，礼治思想不再作为专制指导思想。汉朝初年总结秦朝"举措太众、刑罚太极"而亡的历史教训，糅合孔孟之道与黄老思想，确定了"无为而治""约法省刑"的治理思想，以此缓和阶级矛盾，发展经济。总体而言，在这一阶段，儒学所倡导的礼治还是坐了冷板凳。而这一状况直到西汉中期得以改变。至西汉中期汉武帝时代，一改此前崇尚"黄老"的风气，采纳儒学大师董仲舒"罢黜百家，独尊儒术"的建议，以期实现汉王室万世一统的雄心壮志。随着中国封建社会开启以"儒学独尊"为方向的历史，礼治也开始成为中国封建社会治国理政的核心思想，德礼为先的治国之道遂成为汉武帝以后汉王朝治国之道思想，并影响整个封建后世历代王朝。至盛唐时期，"一准乎礼"上升为封建治世的方针。依此方针，完全以儒家礼教纲常作为治国理政各种手段（包括法）的指导思想和理论依据。在"一准乎礼"的方针指导下，礼既是本和纲，也是根据和标准，其他所有的治理手段则是"用"，只不过是礼的辅助而已。可以说，"一准乎礼"的"礼治"思想奠定了唐朝之后封建历代王朝治世的传统。

清朝末年，随着西方列强侵入不断加深，中国社会沦入半殖民地半封建社会，清王朝的统治岌岌可危。维护封建统治阶级利益的礼治传统在挽救危权覆亡的历史进程中越来越无能为力。伴随中国人民救亡图存运动的接续冲击，封建王朝治世的礼治传统终于落下了帷幕。

知识链接 ···

1.周公制礼

周公出生于商朝末期，他亲身经历了商朝的衰败与覆灭。在他眼中，夏商服天命，所以国祚历年甚久，商后来丧失天命，主要原因是"不敬厥德"（《尚书·召诰》），归根究底，无规矩不成方圆，没有牢固的礼乐制度，整个王朝便会摇摇欲坠。周武王死后，周公悉心辅佐成王和康王，实现了历史上著名的"成康之治"，为保障姬周政权的稳固和促进社会发展作出了重要贡献。据《礼记》等早期文献记载，周公在涉政期间曾将夏商两代的礼制加以折中损益，加上周族自己原有的礼制，制定了一套通行全国的系统的礼制，史称"周公制礼"。

▌ 山东曲阜周公庙"制礼作乐"石坊

周公制礼的记录始见于《左传·文公十八年》，季文子说："先君周公制礼作乐曰：'则以观德，德以处事，事以度功，功以事民。'"经过周公制礼后，整个社会都被纳入"礼治"秩序之中，礼作为内涵广泛的言行规范调整着西周的社会关系，完全具备了现代法的功能和性质。

2. 是可忍也，孰不可忍也

"是可忍也，孰不可忍也"这句话出自《论语·八佾》。原文是："孔子谓季氏，'八佾舞于庭，是可忍也，孰不可忍也。'"八佾是古代宫廷舞乐的代称，当时的舞乐队八人为一行，称作一佾，八佾就是八八六十四人规模的舞乐队。按照礼制，天子

"八佾舞于庭"雕像（孔子博物馆）

八佾，诸侯六佾，卿、大夫四佾。季氏是鲁国的卿，却越礼设置专属天子的六十四人的大型舞乐队，这对于坚决维护礼制的孔子当然是不能接受的，因此孔子指责说："季氏'八佾舞于庭'这样的行为如果都可以容忍的话，还有什么是不可以容忍的呢？"这反映出春秋时期，维护奴隶主贵族等级秩序的礼治逐渐衰落了。

（二）法：治国标尺

"法"字繁写体为"灋"，东汉许慎《说文解字》对此解释曰："灋，刑也。平之如水，从水；廌，所以触不直者；去之，从去。"意为：灋就是刑法。因为执法需要公平如水，所以是"氵"旁。廌（也叫獬豸）是传说中的独角兽，能辩是非曲直。古代法庭上用它来辨别罪犯，它会攻击无理者使其离去，所以"灋"字中含有"廌""去"两个部分。从以上会意可见，中国传统"法"寓有秉公断狱、公平执法之意。但是今天所通用的"法"的表达在中国古代的不同时期又有不同的表现形式和表达方式，包括刑、法、律等。因此，今天所称"法"实际上是对古代用不同方式表达的各种法现象的指代，其中也蕴含了古代法律的变迁演进。

1. 神权法

《商君书·画策》记载:"男耕而食,妇织而衣;刑政不用而治,甲兵不起而王。"这段话描绘的是神农时代没有法律而秩序井然的状况。由记述来判断,至少至原始神农时代尚没有古代法的存在。那么中国古代法源起于何时?追溯至人类文明早期,由于先民认识水平的低下,无法对自然界的种种现象和人类自身进行科学合理的解释,久而久之,便产生了原始的天道观,认为冥冥之中是上天安排着四时运行、年岁丰歉,是上天主宰着人类的生老病死、安乐苦难。只有敬畏上天、顺从天意,才能丰衣足食、安居乐业,也才能免遭上天施加给人类的惩罚。这种上天施加的惩罚在先民看来就是天讨、天罚,它不以人的意志为转移。为了免遭惩罚,先民便具有了顺遵的规范约束观念,这反映在古代法律文化中便是神权法意识的萌生。这种原始的神权法意识在人们对法的认识过程中产生了深远的影响,这不仅体现在认识水平低下的蒙昧时代,就是科学技术发达的今天,人们对危害社会现象发出的诸如"天理难容"之类的愤慨或感叹,依然有着"天讨""天罚"观念的印迹。

2. 刑起于兵

中国古代法中,"刑"是一种古老且广泛的存在,且往往与兵即战争密切相关,用兵作刑是一种历史现象。早在传说的皇帝时代已经有了发端于部落战争中的"刑"。据《商君书·画策》记载黄帝时期"内行刀锯，外用甲兵"，意思是对氏族内部成员违反氏族秩序的行为施以"刀锯"的刑罚；而对氏族之间涉及争端则用"甲兵"的刑罚。"刀锯"与"甲兵"同列，表明当时适用于不同对象的刑罚方法已经出现。其中"甲兵"具有战争或征伐之意，已被用来作为刑罚的一种。另据《尚书》记载，舜帝时代设法制刑和施行刑罚惩治犯罪。其中，《尚书·舜典》记载："皋陶，蛮夷猾夏，寇贼奸宄。汝作士，五刑有服，五服三就，五流有宅，五宅三居。惟明克允！"舜帝话语中的"士"是指狱官之长，专门负责狱讼案件处理之事。此段话记述了舜帝任命皋陶做"士"一事，大意是说："皋陶，现在外族侵扰我们，抢掠杀人，造成外患内乱。你来做士，五刑各有适用的对象和方法，分别在野外、市、朝三处执行；五种流放各有自己的处所，分别流放到三个远近不同的地方。（你做了士）一定要明查案情，公允处理啊！"皋陶被任命为士之后，恪尽职守，秉公执法，制作了五刑，即"甲兵、斧钺、刀锯、钻笮、鞭扑"。皋陶也因此被公认为中国法律的鼻祖。《汉书·刑法志》也有关于中国早期的刑的说法，曰："圣人因天讨而作五刑。"意思是顺应天惩恶而制定了五种刑罚，即"大刑用甲兵，其次用斧钺，中刑用刀锯，其次用钻笮，薄刑用鞭扑"。甲兵是外敌侵略或内部叛乱，所以要动用军队，这是最大的刑罚；斧钺是执行军法，这也是最早的军法；刀锯就是死刑或非常严重的肉刑，能动用刀锯惩治，不死重残；钻笮之"钻，膑刑也；笮，黥刑也"，在脸上刻字或印用墨涂抹，就是黥刑；最轻的是鞭扑，又叫鞭朴，用鞭子或木棍抽打。大刑、中刑、薄刑分别指由重到轻的刑罚种类，而"甲兵""斧钺""刀锯""钻笮""鞭扑"则以此列举了相应的刑罚工具。其中，"甲兵"本身就是刑的一部分。这反映了刑与战争之间的密切关系。

至夏商时期，"刑"很多都是出于当时的军法。《尚书·甘誓》有关于夏启征讨有扈氏时宣布的军法，"用命，赏于祖；弗用命，戮于社，予则孥戮汝。"意思是说服从命令的将得到赏赐，不服从命令的，将处以戮或孥的刑罚。其中戮指杀，孥通奴，指罚做奴隶。两者都是刑罚的方法。而类似处于战争的刑罚方法在商汤征伐夏桀、周武王征伐商纣王的战争中都发布过。古人由最初将战争（征伐）作为一种刑罚，到后期发布的军法作为刑罚，反映了古人对"刑"的认识经历了凝练和总结的过程，但是"刑始于兵"的说法在该过程中可窥得一斑。

3. 专任"法治"

夏桀、商纣的无德致使夏、商先后分别被商、周所取代。西周政权建立之初，统治者反思夏、商统治的经验教训，认为奉上天之命来统治万民的人间君主应该"以德配天"，从而使国祚绵长。因此，西周统治者创造性地提出"皇天无亲，惟德是辅"的政治理论，主张实施德治，推行德教。周公制礼制定了通行全国的系统礼制，将整个社会都纳入了"礼治"秩序中。同时，西周统治者在沿袭夏商以来代代相传的"五刑"基础上，发展完善了刑罚体系，比如：创制劳役刑，即"圜土之制"和

"嘉石之制"。"圜土"是西周时期的监狱，一般远离都城。"圜土之制"就是说罪犯被关押在监狱里，从事一定劳动的改造。这开启了中国有期徒刑的开端。"嘉石"是一种有纹理的大石，相传西周时立于朝门之左。"嘉石之制"也是对那些比送进圜土者更轻微的罪犯的处罚办法。按《周礼》的说法，"嘉石之制"就是将那些轻微犯罪人束缚其手脚，坐于"嘉石"一定时日，使其思过、悔改；然后交给司空，在司空的监督下进行一定期限的劳役。但是，这些都是西周"礼制"下的刑罚，具有鲜明的先教后刑的特点。

春秋战国时期，我国古代奴隶制逐渐瓦解，封建制逐步确立。与此同时，维护旧奴隶主阶级利益的"礼治"秩序日趋衰微，而维护新兴地主阶级利益的法家"法治"秩序逐渐形成。一方面，"刑"在各诸侯国相继以成文法的形式公布。以郑国子产铸刑书、晋国荀寅铸刑鼎为代表的成文法，使"刑"得以进一步公开化，彻底打破了"刑不可知，则威不可测"的传统壁垒，使"刑"成为一种治国的"常法"。在西周之前，"刑"作为古代法律的表现形式是不被公布，也就是说仅为极少数人所掌握，一般民众决不会知晓其内容，这在我国奴隶制时期形成了秘密刑传统。隐而不宣的"刑"作为奴隶主贵族的一种秘术成为统治奴隶的重要手段。至西周，"悬法象魏"成为中国历史上最早的也是最广泛的得以采用的公布成文法的方式。成文法的公布促进了立法技术的发展，有助于整理和修订先前零散的法律并使其条文化规范化，开始构建比较系统的法律体系，为战国时期各国变法革新、制定封建法典奠定了基础。另一方面，战国时期各诸侯国在长期动荡和争霸的过程中，为了巩固新型地主阶级政权，加强对农民的控制与剥削，纷纷任用主张"法治"的法家代表人物进行变法运动，"法治"日益成为当时统治者治世所追求的途径。各诸侯国所进行的变法革新中，最突出、最显著的是魏国李悝变法和秦国商鞅变法。需要注意的是，春秋战国时期，古代法律的表现形式和表达方式更趋丰富，在频繁使用"刑""法"两字的基础上，秦国商鞅又"改法为律"，使得"律"也成为一种重要的表现形式，自此形成了中国古代社会法典用"律"表达的传统，并一直沿用至清末。

随着我国历史上第一个统一的中央集权的封建国家秦朝的建立，以秦始皇为代表的秦统治者继承自商鞅变法以来，特别是经韩非总结过的先秦法家思想的传统，建立了以法家"法治"思想为指导的专制统治，推行"事皆决于法"的"法治"方针。此时，礼义遭摒弃而"法"则上升为治国理政之本，形成了"专任法治"的历史现象。

4. 法儒家化

秦亡汉立，统治者将"举措太众、刑罚太极"作为秦短世而亡的缘故，反映在治世的法律思想上，汉朝初年确定了"约法省刑"的思路，同时不断废除苛惨之法。西汉中期汉武帝为实现汉王室万世一统的雄心壮志，采纳儒学大师董仲舒"罢黜百家，独尊儒术"的建议。自此，中国封建社会走向"儒学独尊"的历史方向。在这样的大背景下，儒家的道德观念融入以律为主的封建法律体系之中，"德主刑辅"的儒家思想成为了法律文化的核心思想，强调教化无效再辅之以刑罚的治国之道，开启了法儒家化的进程。这一进程贯穿于整个封建后世历代王朝，尤其唐朝建立后制定的唐律，将礼的精神完全融化在法律之中，使得法律成为推行礼教的工具。其后，"礼指导律""律彰显礼"的封建法律精神沿袭至清末。随着帝国主义的入侵，中国社会沦为半殖民地半封建社会，在救亡图存的进程中，近代意义上的宪法理念和制度被视为治国良药传入中国。与此同时，新修法律大力消除了传统礼教的影响，儒家化的封建法律在西方法律文化的冲击下也走到了尽头，退出了历史舞台，中国法律开启了新生之路。

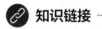 **知识链接** ·······

1. 嘉石之制

"嘉石之制"是西周出现的一种人身自由受到一定限制的劳役刑，用来惩罚刁民。"嘉石"也称"文石"，有纹理的美石，将规劝罪犯改邪归正的所谓嘉言刻在石上，用以感化莠民，置于外朝门的左侧。《周礼·秋官》记载："以嘉石平罢民"。即使有恶习的人坐于嘉石上，究思嘉石纹理而受感动，产生自悔，改恶从善。《周礼》规定：凡民众犯有罪过而尚未犯法，却为州里所痛恶的，就给他们戴上手镣脚铐罚跪在嘉石前，然后交给司空罚服一定时间的劳役。罪重的罚在嘉石前跪十二天，服役一年；其次罚跪九天，服役九个月；又其次罚跪七天，服役七个月；又其次罚跪五天，服役五个月；又轻一等的罪罚跪三天，服役三个月。服劳役期满后由同州里的人担保他改恶从善，这才宽宥而释放他。可见，嘉石之制是以感化教育为主的一种惩罚制度。

2.叔向反对子产铸刑书

子产，春秋时期郑国人，名公孙侨，辅助郑简公、郑定公执政二十余年。《左传·昭公六年》记载，公元前536年，子产将郑国的法典铸在象征诸侯权位的金属鼎上，向全社会公布。一般认为，这是中国历史上第一次公布成文法，在当时诸侯各国引起了强烈反响。郑国子产公布刑书时，曾遭到晋国以叔向（晋平公时的太傅）为代表的旧贵族的反对，叔向给子产写了封信。《左传》记载了这封信的内容，其中讲："先王议事以制，不为刑辟，惧民之争心也。民知有辟，则不忌于上，并有争心，以征于书。"认为历代帝王都是按照世代相袭的传统习惯来治理国家的，主张由贵族临事擅断，公布刑书会招致国家的灭亡，对其铸刑书的行为表示不满。子产则在给叔向的复信中说明其制定和公布成文法在于"救世"。子产虽然出身郑国旧贵族，但他顺应时代的发展，率先铸刑于鼎，打破了"刑不可知，则威不可测"的传统，拉开了春秋战国轰轰烈烈的成文法运动的序幕，标志着奴隶制礼制逐步瓦解和封建法制开始建立，也推动了国家治理方式从以礼治国向礼法并用的重大转变。一般认为，叔向反对子产铸刑书，主要担心人们一旦知道了法律内容，就会钻法律的空子。但也有观点认为，叔向反对子产铸刑书主要在于反对把法律从礼教中独立出来，认为弃礼而用法，终将大乱。

3.孔子反对晋国铸刑鼎

春秋晋国大夫赵鞅和荀寅继郑国子产"铸刑书"之后，于公元前513年，把前执政范宣子制定的成文法全文铸在鼎上公布，史称"刑鼎"。晋国铸刑鼎后遭到孔子的反对。孔子说："晋其亡乎，失其度矣。"意思是晋国恐怕要亡国了。"度"是奴隶社会尊卑贵贱的等级制度，绝不可能错乱，而成文法的公布破坏了这种制度，因此孔子感叹："贵贱无序，何以为国？"意思是贵贱没有等级秩序，还怎么治理国家呢？孔子反对铸刑鼎的关键是不能接受由铸刑鼎而引发的对旧的等级秩序的破坏。明代丘浚认为，孔子讥刑鼎，是"以为铸晋刑鼎的范宣子所谓非善也，非谓圣王制法不可使人知也。"就是说，孔子所反对的是晋刑鼎中的内容，而非刑鼎这种法典化的法律形式本身。

4.悬法象魏

法，指成文法典。研究认为，我国成文法典可能在商代和西周初期已经出现。这为法律的公布提供了前提。象魏，是周天子或诸侯官殿外朝门的门阙，两旁各一，筑土为台，像今天的城楼，因为可以观望，又被称为"双观"，也是朝廷将成文法悬于其上以公布的地方。据《周礼》记载，朝廷悬法象魏之后，有关部门的长官还要率领属员前往认真观读，从而形成了

"悬法象魏"制度。悬法象魏之制很明显是将法律向国人公开，因此，它是我国古代公布成文法的一种较早的、曾被广泛采用的方式。

5. 改法为律

公元前 359 年商鞅以《法经》为蓝本，制定《秦律》6 篇，历史上称为"改法为律"。"律"字原意指定音的竹笛，后来也指音乐的旋律、节拍，主要含义是稳定。商鞅用"律"字代替了"法"字，主要是为了阐明法律的稳定性和普遍适用性，把法律解释为一种稳定的必须普遍遵守执行的条文，即突出强调法律规范的普遍性、稳定性、必行性，具有"范天下之不一而归于一"的功能。改法为律是法律观念上的又一进步，对于秦国法制的统一和发展具有积极意义。在商鞅改法为律之后，中国古代社会的法典一般都用"律"来做名字，如秦律、汉律、唐律、明律、清律等。

（三）中国传统礼法之治的演进

中国传统社会礼法之治的传统孕育于古老悠久的"礼法"文化沃土之中，并在治国理政传统实践中不断传承演进。以"礼"与"法"关系的演变为主线，中国古代礼法之治的演进历程大体经历了四个阶段，即礼法即一、礼法并治、礼法分治、礼法合治。

1.礼法即一

恩格斯在研究了人类和国家起源后认为:"没有士兵、宪兵和警察,没有贵族、国王、总督、地方官和法官,没有监狱,没有诉讼,而一切都是有条有理的。一切争端和纠纷,都由当事人的全体即氏族或部落来解决,或者由各个氏族相互解决。……一切问题,都由当事人自己解决,在大多数情况下,历来的习俗就把一切调整好了。"① 由此可看出,在原始社会的大部分时间里,人类社会关系主要由在生产和生活中形成的氏族习惯自发调整,没有也不需要法律规范来进行调整。恩格斯描述的这一广泛性的社会现状在中国原始社会也曾存在。据记载,在原始社会的神农时代,"男耕而食,妇织而衣;刑政不用而治,甲兵不起而王。"(《商君书·画策》)这同样描绘了原始社会没有法律但秩序井然的社会状况。由这两段描述可以作出如此判断,即原始社会的大部分时间里是不存在"法"现象。问题在于调整人类社会关系的规范又是什么呢?恩格斯的研究给出了答案,那就是"习俗"。

习俗之所以能发挥规范秩序的作用与原始社会极其低下的生产力是分不开的。原始社会处于人类社会发展的早期,当时人们无法合理解释自然界的种种现象和人类自身,认为天地间有神的力量,有鬼的存在。处于对天地鬼神的惧怕、敬仰,便

① 《马克思恩格斯选集》第4卷,人民出版社2012年版,第108—109页。

产生了原始的巫术，即用人类认为最好的物品按照一定的程序献给天地鬼神，这样就可以祈求它们赐福于人类。这种活动就是原始社会的祭祀活动，它是普遍存在于先民社会生活中的不可或缺的内容，且会频繁进行，是先民非常重要的生活习俗。为确保祭祀活动的成效，人们非常重视祭祀活动的过程，形成了严格的程序安排，所有参与者必须严格按照规定程序去做，否则将不会得到赐福。因此，先民对于祭祀活动的秩序尤为敬畏，不敢冒犯，久而久之，这种在祭祀活动中形成的秩序就成为先民生活必须遵守的普遍规则。原始先民就是依靠这一习俗性的规则来生产生活。但是这种习俗性规则当时还是作为一种调整先民行为规范的秩序性存在，并无"礼"的命名。"礼"字最早出现在商代甲骨文中，初文作"豊"，是在专用器皿上摆放贵重物品以示人对神的敬重。由此，原始先民的习俗性规则就成为"礼"诞生的萌芽，而后世对原始先民习俗性规则则以"礼"来指称。

被称作"礼"的习俗性规则具有规范行为准则的性质，维持原始社会秩序。从法律意义上来看，在原始社会祭祀活动中产生的"礼"，很大程度上也发挥了后世"法"的作用，实质上具有法律的性质，这在某种程度上也可以说"礼"即为中国早期法。因此就这个时期来看，礼即是法，是一种礼法为一的阶段。

2. 礼法并治

刑是法最初的表达方式和表现形式。自刑产生之后，才在真正意义上开启了礼和法之间的互动关系。这一阶段自夏商始而迄于西周。《汉书·刑法志》曰："圣人因天秩而制五礼，因天讨而作五刑。"意思是古之圣人顺应天的秩序而制定五礼，顺应天惩恶而制定五种刑罚。这诠释了"礼"与"刑"在中国早期社会并治的特点。到了西周时期，统治者强调以"明德慎罚"思想治理国家。"明德"就是实施德治、推行德教，治理国家通过道德教化，用道德的力量去教育、感化民众，使天下臣服以维护统治秩序。"慎罚"是主张在适用法律、实施刑罚时应该审慎、宽缓，而不应用严刑峻法来迫使民众服从。在此思想指导下，统治者把道德教化与刑罚镇压相结合，创造了一种特殊的"礼治"社会，即在并用礼法中，强调二者相辅相成。

3. 礼法分治

西周以降，自春秋开始，王权衰落，政权下移，诸侯国争雄称霸、逐鹿中原，维护宗法等级制度的礼治秩序遭受重创并渐趋解体。为适应这一社会大变革的需求，各种思想和学说纷纷产生，展开了"百家争鸣"，各诸侯国纷纷从中选择各自的治国思想。其中法家强调以"法"治国，突出强调要重视法治。法家代表人物商鞅以重法著称，他极力主张以"法"代"礼"，认为法具有"定分止争""兴功禁暴"的作用，反复告诫国君"不可以须臾忘于法"（《商君书·慎法》）。法治的主张更加适应了当时诸侯国一统天下、唯我独尊的称霸要求，备受各个诸侯国君主的青睐，因此各个诸侯国纷纷变法图强、厉行"法治"。其中尤以秦国的商鞅变法收效最大，使秦国成为诸侯之首，吞并六国，一统天下，建立秦朝。商鞅在秦国大力推行"缘法而治"，认为君主要想实现"治世"理想，莫过于实行"法治"了。它强调"夫利天下之民者莫大于治，而治莫康于立君，立君之道莫广于胜法。"（《商君书·开塞》）为了推行其法治主张，商鞅对儒家所倡导的礼治学说进行了全盘否定，强调"仁义之不足以治天下"（《史记·太史公自序》）。在这一过程中，儒家仍然推崇西周的"礼治"传统，主张以礼治国。但是在当时倡导帝王政治的大背景下，礼治遭到了多个诸侯国的反对，在政治舞台上备受冷落，礼与法对立分治。秦统一天下之后，继续推崇法家思想，实施"法治"，推行"事皆决于法"的"法治"方针，直至秦亡。"礼"在有秦一代的政治舞台上被彻底抛弃。

4. 礼法合治

秦亡汉立，汉初统治者吸取秦朝繁法严刑的治理教训，确定"约法省刑"的治理思路。至西汉中期，"罢黜百家，独尊儒术"，儒家倡导的"德主刑辅"思想在"儒学独尊"的历史背景下又开始登上政治舞台。德为主，刑为辅，德刑并用、礼法并行，成为了此后汉王朝治理的指导思想，这也开启了礼法合治的发展阶段。所谓礼法合治，表明礼和法是治理并用的手段，说明礼、法不是矛盾对立的，而是有主次之分的相互结合，即先礼后刑、刚柔相济。礼和法的合治现象历经三国两晋南北朝时期的发展，定型于隋唐时期，尤其是唐王朝"德礼为政教之本，刑罚为政教之用"原则的推广，使得礼、法结合达到了中国封建时代的高峰，呈现出"一准乎礼"的状况，也就是说将维护儒家宗法伦理的尊卑等级道德规范作为法的基石和根本。之后，礼法合治"一准乎礼"的礼法交响的主旋律唱响中华大地，直到清末法制改革。

古代礼法之治绵延流长，贯穿于中国传统社会的进程。尤其是两千年多的封建社会进程中礼法之治思想发生的历史变迁，更是"礼治"和"法治"思想交响而成的变奏，其根脉深深扎根于先秦齐鲁文化丰厚沃土之中。在这其中，以管子、晏子、孔子、孟子、荀子为代表的思想家之礼法思想尤为集中突出。因此，对其进行探究考察，追寻齐鲁文化中蕴含的礼法之治思想的深厚内涵，对演奏出新时代礼法之治的和谐变奏曲将大有裨益。

一、管子的礼法并重思想——礼有八经，
法有五务

　　管子即管仲、管夷吾，春秋早期辅佐齐桓公成就霸业的政治家。在他的主导下，对内实行改革，对外亲诸侯、攘夷狄，建立了"九合诸侯，一匡天下"的大业，形成了一套治国思想。其中，"礼"与"法"在管子看来是治国的重要举措，他主张礼法并重，倡导二者统一，形成了自成一家的观点。

（一）制礼义可法于四方

管仲是治理天下的有才之士。《国语》中对齐桓公求管仲一事做了记载。齐桓公从莒国回到齐国当了国君后，就任命鲍叔牙当太宰，鲍叔牙谢绝。在他的谢辞中说道："若必治国家者，则非臣之所能也。若必治国家者，则其管夷吾乎。"（《管子·小匡》）鲍叔牙是说如果一定要治理国家，那不是我所能做到的；如果一定要治理国家，那大概就只有管夷吾了。他并向齐桓公陈述"臣之所不若夷吾者五"（《管子·小匡》），即自己不如管仲的五个方面。其中之一就是"制礼义可法于四方，弗若也。"（《管子·小匡》）意思是制定礼法道德规范成为全国人民的行为准则，我不如他。

事实上，在管子的治国思想中，"礼"的确是被其置于重要地位。《管子》开篇《牧民》曰："何谓四维？一曰礼，二曰义，三曰廉，四曰耻。"就是说什么是"四维"呢？第一是礼，第二是义，第三是廉，第四是耻。其中"四维"之中，礼位居其首，即维系国家存在的首要纲领。由此可见管子非常重视"礼"，并且能将其运用于治理实践中。

需要明确的是，管子生活的年代依然是"周礼"施行的年代。"周礼"是西周开国以后在对"殷礼"继承和扩充改造的基础上制定而成的，它与商代的礼制有着密切的渊源关系，即所谓"周因于殷礼，所损益，可知也。"（《论语·为政》）以前朝礼制为基础，周礼形成了一种具有周朝特色、代表着周人文化观念的礼学基本原则或者关于礼的基本理论体系。管仲对周礼小心维护、恪守不替，对"礼"进行了深刻阐述，继承和发展了西周礼制，构建了礼的完整体系。

 知识链接

齐桓公求管仲

齐襄公时，国政混乱。管仲、召忽保护公子纠逃到了鲁国，鲍叔牙保护小白（齐桓公，名小白）逃到莒国。襄公十二年（公元前 686 年），公孙无知杀齐襄公，自立为君。次年，公孙无知也被杀，一时间齐国无君，一片混乱。而齐国正卿高傒和公子小白从小相好，一听说雍林人杀公孙无知，就和国氏秘密召小白从莒国回来。鲁国听说公孙无知被杀，也发兵送小白的哥哥公子纠回国，公子纠则派管仲带兵堵截住莒国到齐国的路，阻挡公子小白回国之路。管仲一箭射中小白带钩。小白假装倒地而死，管仲派人回鲁国报捷。鲁国于是就慢慢地送公子纠回国，过了六天才到。这时小白已兼程赶回齐国，高傒立他为国君，这就是齐桓公。登上王位后，齐桓公立马发兵迎击鲁国，鲁军败走。鲁国国君害怕齐国的威势，于是杀了公子纠，并将管仲囚禁送还给齐国。本来齐桓公要杀管仲，报当时的一箭之仇。但是鲍叔牙劝说齐桓公，管仲此人有大才，若是齐国想称霸天下，必须得任用此人。齐桓公对自己的老师鲍叔牙十分信任，于是召见管仲谈论霸王之术，发现其果然有大才。于是，齐桓公当即任管仲为相，推行改革，齐国逐渐强盛。

1. 管子"礼"类

在管子辅佐齐桓公称霸的历史进程中，管子将礼充分运用到内政外交等各个方面。在这其中，礼也因其使用范围的不同而有别。

（1）序民之礼。《管子·心术》曰："登降揖让、贵贱有等、亲疏之体谓之礼。"意思是按其本分做到尊卑揖让、贵贱有别和亲疏之间的体统，就可称为"礼"。管子将"礼"看作规范国民人与人之间合理关系，以维持等级秩序的原则、标准。在此意义上，礼就是使老百姓言行做到节度有序的一种准则。管子认为治理国家百姓重要的是使人有礼。《管子·牧民》说："礼不逾节""故不逾节，则上位安。"指出人有礼，就不会超越节度；因此只要百姓安分守己，君主地位就太平无事。西周时期，礼之所以序民，在于礼有八条纲领，即"礼之经"。在《管子·五辅》中指出礼有"八经"，曰："上下有义，贵贱有分，长幼有等，贫富有度。凡此八者，礼之经也。"意思是说，上与下都各有礼仪，贵与贱都各有本分，长与幼都各有等级，贫与贱都各有限度，这八个方面是礼的纲领。这些常规就构成了国家民众恭敬遵从的秩序原则。

（2）安国之礼。《管子·牧民》指出国家的维系和存在要依靠四条纲领，即"四维"，礼义廉耻。并认为"国之四维"中，如果"一维绝则倾，二维绝则危，三维绝则覆，四维绝则灭"。这就表明国家的存在要靠四条纲领来维系，失去一条，国家倾斜；失去两条，国家危险；失去三条，国家颠覆；四条全无，必然灭亡。因此，"四维"是维系国家存在的条件。其中礼作为支撑国家的"四维"之一，居于四条纲领的首位，是其中基础性和最为重要的条件。由此来看，礼是国家得以长治久安所不可或缺的措施。

（3）为君之礼。如何为君？管子认为有三个方面。一是为君者要行君道。"为人君者，修官上之道，而不言其中。"（《管子·君臣》）认为作为君主，领导官员要讲究方法，而不要干涉官员职责以内的事务。人君不可包办臣职，而要兼顾和统一掌握全局，即"兼而一之，人君之道也。"如果"君失其道，无以有其国。"君主违背了君道，那就不能保有其国家。道不存在，君位也就无从谈起。管子所说的君道是君主要明其分尽其责，其实质则是行为君之礼。二是为君者还要追求德义，即明"礼"。"义礼成形于上，而善下通于民，则百姓上归亲于主，而下尽力于农。"（《管子·君臣》）义礼由上面形成，善行贯彻到民众之中，这样百姓就都向上拥戴亲近君主，向下致力于农业了。所以说，君主修德明礼，就能得到百姓拥戴。三是教民行礼。《管子·牧民》曰："礼不逾节"，"则上位安"，就是说国家百姓有礼，就不会超越节度；只要百姓不超越节度，能安分守己，那么君主地位就太平无事了。管子认为礼在下可以以礼义使民众知礼节，行礼仪，从而在上以实现君位安立。由此来看，礼是君主保全其位的一条重要途径。在君与国等同的观念里，君安则国立。可见，管子将"礼"视为实现国家治理的一条基本途径。

（4）招携之礼。管子辅佐齐桓公九合诸侯，一匡天下不是靠武力杀伐，而是靠战争之外的怀柔政策，这其中就包括"礼"。《管子·枢言》说："先王取天下，远者以礼，近者以体。体、礼者，所以取天下；远、近者，所以殊天下之际。"这段话是说，先王谋取天下，对远的国家用"礼"，对近的国家用"亲"。所谓亲和礼，是用来谋取天下的手段；所谓远和近，是就区分天下各国边际而言的。《左传·僖公七年》中对此也有相关的记载："管仲言于齐侯曰：'臣闻之，招携以礼，怀远以德；德礼不易，无人不怀。'齐侯修礼于诸侯，诸侯官受方物。"这句话意思是说用礼来招抚怀有二心的国家（诸侯），用德来感化疏远的国家，使其怀惠归服。凡事不违背德和礼，没有人不归附的。齐桓公就以礼对待诸侯，诸侯的官员接受了齐国赏的土特产。为了维持齐国霸主地位，管子依然主张以礼来笼络天下诸侯。据史书记载："轻致诸侯而重遣之，使至者劝而叛者慕。"（《国语·晋语二》）说的是诸侯来齐时带来的礼物少，走的时候受馈赠的物品多。这样一来，归顺的诸侯对齐国更加尽心，没归顺的诸侯则心生羡慕。这为我们诠释了古人所奉行的一种怀柔政策。

以上诸礼因使用范围而有所区别，但是从治理国家到处理诸侯关系，从内政到外交，管子"礼"类很大部分仍然是社会等级的体现，这鲜明地体现在序民之礼与为君之礼中。另外，管仲所主张的安国之礼和招携之礼，则是对"礼"的新发展，体现的则是一种礼仪文化，此中政治等级的味道已显著淡化。

2. 礼不可不谨也

《管子·五辅》曰："礼不可不谨也。"就是说礼是不可不重视的。《管子·君臣上》也指出："天有常象，地有常刑，人有常礼。"把礼与天象、地形并提，和人须臾不可分离。这都表明管仲对礼重要性的认识，这一点从上述其对礼使用范围的阐述也能得到反映。就其作用的发挥来看，则存在具体的差别，也就是说礼在不同使用范围发挥着相应的作用。

（1）治理民众，维护社会秩序。管仲首倡民本思想，认为民是国家的基石，是争霸天下的根本。《管子·君臣下》说："国之所以为国者，民体以为国。"意思是说国家之所以成其为国家，是由于有人民这个根本才成为国家。另外，《管子·霸言》曰："夫霸王之所始也，以人为本。本治则国固，本乱则国危。"表明霸王之业的开始，也是以人民为本。本治则国家巩固，本乱则国家危亡。在管子看来，国家治理根本在治民。《管子·牧民》专门记述了如何治理民众的问题，其中提出要"顺（训）民"，即通过对民众的教化来统一民众意志。那靠什么来对民众实施教化呢？管子提出了"顺（训）民之经"，就是教化大法。《管子·牧民》曰："顺民之经在明鬼神，祇山川，敬祖庙，恭祖旧。"意思是说教化民众的大法，在明示鬼神、敬奉山川神灵、敬事宗庙祖先、善待亲戚故旧的礼义之中。因此不懂礼则"陋民不悟""威令不闻""民乃上校""孝悌不备"，说明不懂礼会造成鄙陋的百姓不觉悟，国家的权威和命令就难以被百姓知晓，百姓就会冒犯在上位的尊贵者，孝悌之道就会缺乏，最终社会就会混乱失序。

《管子·权修》也有从强化君主权力的角度关于礼对治理民众作用的说法，即"凡牧民者，欲民之有礼也；欲民之有礼，则小礼不可不谨也；小礼不谨于国，而求百姓之行大礼，不可得也。"就是说凡是治理人民的，都要求人民有"礼"，并强调不可不重视小的礼节。因为不重视小礼，而要求百姓能行大礼，是办不到的。这一语道出了依礼治理民众的正确做法，也就是使民众注重"修小礼"，从最细微处做起。有小礼才会有大礼，如此能使人守规矩，充分肯定了"礼"在维护社会秩序中所发挥的作用。

那么何为教化民众的礼呢？管子曰："礼者，因人之情，缘义之理，而为之节文者也，故礼者谓有理也。理也者，明分以谕义之意也。"(《管子·心术上》)这段话的大意是：所谓礼，则是根据人的感情，按照义的道理，而规定的制度和标准。所以，在管子看来礼就是有理，理是通过明确本分来表达义的。正所谓"登降揖让、贵贱有等、亲疏之体谓之礼。"(《管子·心术》)说明按其本分做到尊卑揖让、贵贱有别和亲疏之间的体统就是"礼"。做到这些就可以说合乎"义"了。因此管子认为"礼出乎义，义出乎理，理因乎宜者也。"(《管子·心术上》)这就是说"礼"作为制度和标准从理产生，理从义产生，而义是根据行事所宜来定的。

管子所说的"义"又指什么呢？《管子·心术》曰："义者，谓各处其宜也。"所谓义，说的是各行其宜，实际上也就是处理尊卑贵贱、长幼上下、贫富等级秩序的原则、原理，即"礼之经"。因此，只要人与人之间各守其义，各明其分，各行其序，就是合"礼"的。但是礼之义必须要通过礼之仪表现出来，就是通常所谓的礼节，多样的礼节形成一系列礼仪；将礼节及礼仪制度化便形成了系统的礼制。

管子认为按照礼的常规去做，人就能做到下不叛上，臣不弑君，贱不越贵，少不欺长，疏不间亲，新不厌旧，小不越大，混乱就不会产生而祸患也不会发作。但是，人要履行与其相宜的礼节是有一定条件的。管子说："仓廪实而知礼节，衣食足而知荣辱。"(《管子·牧民》)意思是仓库充实了，民众就懂得礼节；衣食充足了，民众就珍惜荣誉，远离耻辱。在管子看来，只有满足民众的物质需求，才能使民众行礼。这就需要发展生产，使国家变得富强，这样老百姓才不会乱上下、争贵贱、悖长幼，进而做到各安其分，国家就不会陷于混乱。

（2）稳定君位，维系国家存在。国家需建立在稳固的地基上，礼就是国家存亡的基石。《管子·牧民》曰："国有四维。"说明维系国家的存在有四大纲领。何谓四维？"一曰礼，二曰义，三曰廉，四曰耻。"(《管子·牧民》)礼义廉耻即是所说的四大纲领，而"礼"又是其中首要的纲领。要维系国家的存在，需要高扬礼义廉耻，否则国家就会灭亡，即"四维不张，国乃灭亡。"（《管子·牧民》）而礼所起的作用就是使民众不超越节度，做到安分守己。只有这样，君主地位就会太平无事，国家也就稳固了。

（3）笼络诸侯，成就天下霸业。管仲辅佐齐桓公成就霸业，礼在这一过程中发挥了重要作用，成为齐国称霸诸侯的重要霸术。管子曾就齐国修礼于诸侯向齐桓公献言，《左传·僖公七年》有这样的记载，"招携以礼，怀远以德；德礼不易，无人不怀。"这句话反映了从诸侯归顺到称霸天下，管仲已认识到礼都是不可或缺的。事实上，齐国与诸侯国以礼节往来，与诸侯国实施交聘之礼，抬高了齐国的大国地位。《管子·大匡》云："令齐以豹皮往，小侯以鹿皮报。齐以马往，小侯以犬报"。往重报轻，齐国以大国的身份，善待小国，则小国敬服。另据史书中也有类似以礼笼络诸侯的记载，诸侯来齐国时带来的礼物少，而回去的时候得到馈赠的物品多。这样做的结果是，已经归顺的诸侯对齐国更加尽心，那些还没有归顺的诸侯则产生羡慕之感，因此齐国在诸侯国中不断积聚着诸侯所归的众望，为成就其霸业奠定了基础。不仅如此，管仲建议将礼用于奖赏诸侯及国内之人，《管子·大匡》曰："管仲赏于国中，君赏于诸侯。"诸侯国的国君做善事，齐桓公都给予厚重的礼物相庆贺；齐国的列士有善行，管仲以衣裳作为奖赏。"诸侯之君，有行事善者，以重币贺之。从列士以下有善者，衣裳贺之。"（《管子·大匡》）管仲和齐桓公以礼义的形式，奖赏诸侯国与齐国士人的善行，以交聘之礼确定齐国的强国地位。依《史记·齐太公世家》和《国语·齐语》的记载，管仲按照礼的要求，主张桓公下拜受赐，可见管仲是力促桓公尊天子的。管仲在讨伐当时被认为是异族的楚国时，"责包茅不入贡于周室"，意思是责备它没有向周王室进贡菁茅，这也是按照当时对待天子的礼提出的理由。此外，对于周天子身边的大臣，管仲提出"群臣不用礼义教训则不祥"（《管子·任法》），即在朝众臣如果不重视德治教化，也会招致问题丛生。这句话也表明是依据礼的原则进行规范的。在春秋争霸中，管子主张"礼"的运用收到了良好的效果，成就了齐国一匡天下的霸业。

（二）善明法治

在春秋诸侯并起争霸、礼崩乐坏的动荡时代，管仲崇尚法治手段，主张大力实行法治。《管子·明法解》曰："人主之治国也，莫不有法令赏罚。"强调了法令和赏罚在治国中的重要性和作用。又《管子·明法》篇说到："灭、塞、侵、壅之所生，从法之不立也。"从反面表明没有法律或法令，就会导致乱象丛生。这从正反两面道出法令对于国家治理是不可或缺的。事实上，法治在当时治理齐国以至成就霸业中取得了明显的社会实践成效。

1.何谓法

据明代赵用贤在《管子书序》中说:"王者之法,莫备于周公,而善变周公之法者,莫精于管子。"这一方面说明了在管仲生活的年代以前法思想已有了长期发展;另一方面也表明管仲的法思想主要源自于对西周旧法的继承和发展,是春秋以来法思想的先驱。

关于"法"的理念,《管子》一书对其做了多方面的阐释,这些大都可视为管仲对法的理解。在管仲看来,"法者,天下之程式也,万事之仪表也。"(《管子·明法解》)意思是指法是治国的标尺,是社会的客观准则。不论是治国标尺,还是社会客观标准,就其实质而言,法是人人都要遵循的行为规范。此外,法除了有行为规范的含义之外,它还是人们行为当否的判断标准。《管子·七法》中提出了七种匡正天下的适当方法,其中就包括"法",其中说到:"尺寸也、绳墨也、规矩也、衡石也、斗斛也、角量也,谓之法。"以尺寸、绳墨、规矩、衡石、斗斛、角量喻法,形象表达出"法"具有的法度含义,也就是衡量人们行为是非曲直的标准。

从《管子》上述有关法的阐释可以看出,管子之所谓法,它是"天下之仪也",也就是说它是规范全体人民的行为、治理好国家的重要准则。这一准则是被万民所依循、万事所从行的。

2. 法的特征

法作为管仲思想的重要组成部分，管仲在继承前代法基础上，加以创新发展。在此意义上，管仲之法较之前的旧法体现出鲜明的特征，这主要表现在法的公开性、平等性两个方面。

（1）公开性。在管子之前的法，即所谓的旧法，沿袭的是秘密刑的传统，法成为了一种隐而不宣的秘术，形成"刑不可知，则威不可测"（《春秋左传正义》）的习惯。因为在古代统治阶级看来，他们不让民众知道制定了什么法律，当民众触犯了法律的时候对他们进行惩罚，民众就会对那些存在但他们不知道的法律产生恐惧，这样他们就会易于被统治，法律也就产生了威慑的效果。由此发挥更易于他们统治的作用。管子一改旧习，强调"号令必著明，赏罚必信密，此正名之经也。"（《管子·法法》）"凡将举事，令必先出。曰事将为，其赏罚之数必先明之。"（《管子·立政》）"行度必明，无失经常。"（《管子·问》）也就是说，号令一定要明确，赏罚一定要信实坚决，这是规正人民的准则。凡是要办大的事项，一定要先颁布法令。准备做什么事情，一定要事先把赏罚的标准讲清。执行法度必须明确，不要忽视常规常法的有效畅行。因此，向民众公布法令已经成为富国强兵的主要形式，这也成为法获得社会认可的重要条件。管子就认为，不公布法令而制裁民众的做法必将导致天怒人怨，最终失去法令的威严进而导致社会混乱，如《管子·法法》曰："令未布，而民或为之，而赏从之，则是上妄予也。上妄予则功臣怨，功臣怨而愚民操事于妄作，愚民操事于妄作，则大乱之本也。令未布，而罚及之，则是上妄诛也。上妄诛则民轻生，民轻生则暴人兴、曹党起而乱贼作矣。"

（2）平等性。法的平等性与公开性密切相关，只有当法可以向民众公开公布之时，法才具有了平等的基础。传统的秘密刑很大程度上是维护旧贵族特权的工具，具有很强的主观权威性，它与平等所体现的客观公正性相悖。

《管子·任法》讲到国家要想实现大治，那么"君臣上下贵贱皆从法"，就是说任何人在法的面前都是平等的，处理事情都要凭借法制，以法制来判断是非，而不是用私法，而是要用公法。《任法》篇中又说到治世要做到"不知亲疏远近、贵贱、美恶，以度量断之。"指出治世要不分亲疏、远近、贵贱和美丑，一切都用法度来判断，就"如天地之无私也"，即像天地对万物那样没有私心，一视同仁。这从立法角度体现了管子之法的平等性。

管子之法的平等性还体现在法对君主的限制。英明的君主是掌握裁决之权的人，公布了法度，君主就必须严格并且应该率先守法，而不能有法不依，超越法度或背离法度。《管子·法法》篇中有这么一段话："法而不行，则修令者不审也。审而不行，则赏罚轻也。重而不行，则赏罚不信也。信而不行，则不以身先之也。故曰禁胜于身，则令行于民矣。"这段话的意思是：成为法律而不能贯彻，是因为政令的制定不够慎重；而能够做到慎重制定仍然得不到贯彻，则是赏罚信实方面的原因。做到了赏罚信实法令仍然得不到贯彻，这就是因为君上不以身作则了。所以说，禁令能够管束君主自身，那么政令就可以畅行于民众中间。由此可见，"是故明君知民之必以上为心也，故置法以自治，立仪以自正也。故上不行则民不从，彼民不服法死制，则国必乱矣。是以有道之君，行法修制，先民服也。"（《管子·法法》）就是说明君知道人民一定是以君主为出发点的，所以要确立法制以自己治理自己，树立礼仪以自己规正自己。所以，上面不以身作则下面就不会服从，如果人们不肯服从法令，不肯遵守制度，国家就一定要乱了。因此，有道的君主，行法令、修制度，总是先于人民躬行实践的。

由上观之，在管仲看来，法的平等性不仅仅是立法要平等，而且依法、守法都要平等，这种意义上的平等尤其体现为一国之君要率先垂范、以身作则，不能特权化。

除以上主要特征之外，管仲对法的阐述中还体现出以下方面的特征：

（1）依法的强制性。作为治理国家、管理民众的有效工具，强制规范性是管子之法的本质属性之一。《管子·禁藏》曰："夫法之制民也，犹陶之于埴、冶之于金也。""法者，天下之仪也，所以决疑明是非也。"意思是说用法制来管理人民，就像黏土进入陶盆，冶炼治理金属一样。法是天下的准则，是用来解决人间疑难、判明是非的。而在治理国家、管理人民过程中所运用的法这一规范，是必须以强制性作为保障的，也就是说依法的强制性。《管子·七法》说道:"夫法者,所以兴功惧暴也;律者,所以定分止争也。"这就说明了国家在依法维护统治,镇压敌对分子时,法所表现出的强制性特点。《管子·明法解》曰:"治国使众莫如法,禁淫止暴莫如刑。故贫者非不欲夺富者财也,然而不敢者,法不使也。强者非不能暴弱也,然而不敢者,谓法诛也。故百官之事,案之以法,则奸不生,暴慢之人,诛之以刑,则祸不起,群臣并进,策之以数,则私无所立。"这段话的大意是:治理国家、役使民众要依法,只有依法了,那些诸如夺财欺弱、奸邪骄横、祸乱阴谋等现象就不会发生。这就强调了由于法的严厉执行,才避免了社会乱象,法的强制性得以尽显。也正因为法的强制性,法才能以天下之仪表被老百姓所奉行。

（2）立法的时宜性。法不是一成不变的,而是随着时代发展,适应社会变革需求不断确立和发展的。因此,法的制定是具有一定的时宜性的,并非长久恒定的。这在《管子》所论法中得以体现。《正世》篇中讲道:"故其位齐也,不慕古,不留今,与时变,与俗化。"圣人设立的法令,不盲从古人,也不拘泥于今人,而是随着时代的变化而变化,随着习俗的更移而更移。这就是说立法要具有"不慕古,不留今"的通变思想,要在切合时宜中改革法度,据俗立法、据时立法以适应社会发展需求,正所谓"国更立法以典民,则祥"(《管子·任法》)。国家改革法度来管理人民,就是吉祥。

但是根据时宜所立的法度不是意味着朝令夕改,相反则是突出其具有相对稳定性，这主要体现在只要法度制定了，就要坚定执行。《任法》曰："法者，不可不恒也。""圣君设度量置仪法如天地之坚，如列星之固，如日月之明，如四时之信，然故令往而民从之。"而不能"法立而还废之，令出而后反之，枉法而从私，毁令而不全。"可见，法令要如天地、列星、日月、四时一般稳如磐石，不可动摇。又据《君臣上》所讲"国无常法，则大臣敢侵其势。"说明法令不稳定会对君位造成危害，产生混乱，影响国家治理。从以上《管子》诸篇论述中可以看出管仲之法所表现出的时宜性是与稳定性相互统一的，而不是为了强调时宜而造成法的不稳定，相反则是突出切合时宜的基础上的稳定。

综上所述，管子之法相较于前代旧法有其主要特征，即公开性和平等性。但是从《管子》所论法中也体现了诸如依法的强制性和立法的时宜性特点。由此可以更好地回溯和理解我国法律文明随时代发展的变易性，促进当今法治建设。

3. 法的作用

管仲在辅佐齐桓公称霸中，首次明确提出"以法治国"的口号，倡导以法治国。《任法》曰："圣君任法而不任智"，指出圣明的君主治理国家是依靠法度而不是依靠智谋，这样才会自身安闲而又天下太平。可见法作为管子改革思想的重要组成部分所发挥的治理之功。这种治理之功可主要从君位的维护、万民的统治、臣下的驾驭三方面加以体现。

首先，维护君位。在管子的思想中，有有国的君主，也有失国的君主。有国就是能保有君位，失国则是丧失其君位。君位的有失与法有着密切的关系，也就是说法对于君位的维护发挥着重要作用。一方面表现在君主要做有国者，那么就必须要"任法"，即依靠法。不依靠法，则就会失国，丧失其君位。管子强调前代先圣都是用法来统一人民行动的。《周书》曰："国法，法不一，则有国者不祥。"就是说国家必须有法律，如果法不统一，那么国君就会不吉祥。这就说明法是君位保有的基础。另一方面，君主要做有国者，除了要有法之外，还要能够坚定地执行法，即有法要依。如果不能坚持有法必依，坚定地执行法度，那么不仅法会遭到侵犯，而且会扰乱君主。做到有法必依，一要保证法度的执行要坚定。管子主张"圣君置仪设法而固守之"（《管子·任法》），就是要求圣明君主只要立下法度，就要坚定地执行它。只有这样，"堪材习士闻识博学之人不可乱也，众强富贵私勇者不能侵也，信近亲爱者不能离也，珍怪奇物不能惑也，万物百事非在法之中者不能动也。"（《管子·任法》）相反，有良好的法度却不能坚持，那么法度就会遭到扰乱，君主就会被迷惑甚至侵害。二要保证执行的法度要稳固，不能朝令夕改。管子指出失国君主就是因为不能做到法度的稳固，"法立而还废之，令出而后反之"（《管子·任法》）。因为法度立而废，出而反，民众无所适从，法度就难以遵守，君位就会被侵害，这就是失国之君所走的道路。三要保证法度能够公平公正地执行。法度不公平，甚至歪曲法度，君主就会"失位"。在管子看来，不公平公正执法的事情从来都是圣明君主自己禁止自己去做的事情。总的来看，管子认为如果能创制良好法度，且执行好法度，那么任何事情就能遵照法度行事，国家就能实现大治，君主自然就能成为有国者。

其次，统治万民。民为国家之本。治理国家首要的是治理好国家民众。在管子看来，法是治理百姓、统治万民、维护君权的重要措施。《管子·权修》就明确指出："凡牧民者，欲民之可御也；欲民之可御，则法不可不审。"一语道出治理百姓就要使百姓服从管制，而这就离不开法，因此，必须审慎对待法条规章。如果法度不明而要治理民众，那就很难了。《管子·七法》曾就此形象地指出，"不明于法，而欲治民一众，犹左书而右息止。"就是说离开法度去治理人民，就像用左手写字，而闲置右手一样。为此，管子说："和民一众，不知法不可。"（《管子·七法》）指出治理人民、调和民众，不了解法是不行的。有法，就可以有效地治理民众。在此意义上，管子一方面认为只有法才能使百姓出力，即所谓"法者，将用民力者也。"（《管子·权修》）将法看作是用民力的法宝。另一方面认为只有用法才能使用百姓的才能，所谓"法者，将用民能者也。"（《管子·权修》）再一方面又认为法决定人民的生死存亡，所谓"法者，将用民之死命者也。"（《管子·权修》）另外，《管子·枢言》还提出："人故相憎也，人之心悍，故为之法。"这是说人的本性是互相憎恶的，人心凶悍，要想遏制人的恶性，就需要制定法律并依靠法律加以引导约束。这就从人的本性角度表明了法对治理民众是不可或缺的。总之，管子站在君位的立场指出了对于实现统治民众的重要性，即"明君察于治民之本，本莫要于令"（《管子·重令》），明确指出治民的原则没有比法令更重要的。

最后，驾驭臣下。有效驾驭大臣是君主得以维护其地位和权威所不可忽视的。管子认为，君主受重视在于法令受不受重视。因为法令受到重视，那么百官就会自觉遵守，进而不敢违逆，君主权威就不会受到威胁。《管子·重令》就说："罚严令行，则百吏皆恐；罚不严，令不行，则百吏皆喜。"意思是说刑罚严厉，法令施行，那么百官就畏惧；刑罚不严，法令不行，那么百官就会怠慢。所以说法令威严，臣下就会畏惧，所谓"令重而下恐"讲的就是这个道理。因此，管子认为"非号令毋以使下"（《管子·重令》），这是说没有法令就无法役使臣下。那么有了法令，百官臣下就可以被驾驭了吗？在管子看来并非如此。只有君主统一立法，才会起到有效驾驭的效果。《法禁》有言："君一置其仪，则百官守其法；上明陈其制，则下皆会其度矣。君之置其仪也不一，则下之倍法而立私理者必多矣。"这段话说明君主立法统一对于百官遵纪守法的重要性。君主统一立法，那么百官则会遵纪守法；君主公开表明制度，那么臣下就能领会其分寸。相反，臣下则会违反法律而徇私的行为就会多起来。

（三）礼法兼施并用

管子将礼与法作为治国理政不可或缺的工具，他一方面强调"礼义廉耻，国之四维"（《管子·牧民》），重视礼义在治理国家方面的作用。同时，他又特别强调法治，首次提出并主张"以法治国"。礼治是以仁义道德为治理工具，法治则是以刑令为治理工具，这使得礼治和法治成为性质上不同的两条治理途径。但是，在管子治国理政实践中，两种工具、两条途径兼施并用，礼治和法治相辅相成、相促相补、相得益彰。

1. 讲礼而不轻法

正如前文所述，在《管子·牧民》开篇就阐述礼、义、廉、耻"国之四维"，并将"礼"作为"四维"之首。在管子的治国理政思想中，首先讲"礼"，这是管子对周礼传统恪守的集中体现。在西周，治国的根本是礼，统治者非常重视仁德的教化，西周社会形成了"先礼而后刑"的传统，就是说把礼教放在刑杀之前，强调教化在先。管子继承并恪守了这一传统，在其思想认识中，以礼教化成为其治国理政的首要基础。因此，管子对"礼"及其在治国理政中所发挥的重要作用有深刻论述，这集中反映在前文管仲对礼的阐述中。

管子作为勇于革新的政治家，他有对西周社会礼治传统的恪守，也有其对社会发展所产生的新认识。他在讲"礼"，重视礼治的同时，也对"法"的作用产生了深刻认识。从前文管仲对法的论述中可以看出，他认为法在治国理政中具有"立朝廷""用民力""用民能""用民之死命"等重大作用，因而"欲民之可御，用法不可不重"。这就是说，以礼教化是首要的，但是以刑令处罚也是不可轻视的，如《管子·权修》谈到如何才能使百姓为善，如何才能防止暴行时说："厚爱利足以亲之，明智礼足以教之，上身服以先之，审度量以闲之，乡置师以说道之。然后申之以宪令，劝之以庆赏，振之以刑罚。"这段话道出了实现国家百姓能够为善，社会暴乱不兴的主要基础在于进行爱利、智礼、身服、置师等方面的思想道德教化，然后才是申明法度，用刑罚威慑。管子这种"礼""法"先后的治理思路不仅反映了他对西周"先礼而后刑""明德慎罚"治世思想的继承，而且更是管子根据时代社会变化所主张的"讲礼而不轻法"治国理念的体现。

2. 任法而不避礼

管子重视法在治理中发挥的作用。《管子·明法解》曰："法度者，主所以制天下以禁邪也。所以牧领海内而奉宗庙者也。"《管子·七臣七主》也说："法者，所以兴功惧暴也；律者，所以定分止争也；令者，所以令人知事也。法律政令者，吏民规矩绳墨也。"《管子·明法解》又曰："法度行则国治，私意行则国乱。"这些都说明了在管子的治国理政理念中法是维护社会秩序的重要工具。对此，管子首次提出"以法治国"思想主张，阐释了治国"任法"的道理，即依靠法律来治理国家。管子认为全凭法制办事，就如同天地对万物那样没有私心，所谓"以法制行之，如天地之无私也。"（《管子·任法》）如果君主能够凭法制判断是非，那么担负治理天下的大任就不会感到沉重，这就是"以法制断，故任天下而不重也。"（《管子·任法》）管子认为前人治理之功都是因为能够依靠法度，善明法治，指出"尧之治也，善明法禁之令而已矣。""皇帝之治也，置法而不变，使民安其法者也。"并且将仁义礼乐，也赋予了法度的含义，即"所谓仁义礼乐者，皆出于法。"在管子看来，"任法"则垂衣拱手安坐而天下太平，反之则会导致民劳、君苦、国危的状况。

"任法"不仅要有法，有法只是任法的前提。"任法"更要公正有效的执法，管子认为这是求得"任法"的途径。为此，《管子》提出了必须执法公正，执法从严。《版法解》曰："凡法事者，操持不可以不正，操持不正则听治不公，听治不公则治不尽理，事不尽应。"就是说法律如果没有得到公正有效地执行，再好的法律也只能成为一纸空文。做到公正，就是"以法制行之，如天地之无私也"，也就是说不能徇私枉法。另外还要执法从严。"行令在乎严罚。罚严令行，则百吏皆恐。"意思是法令一出，必须不折不扣地执行。

治国理政要"任法"，但是也不能避开礼治或曰德治。在管子看来，法治和礼治不可偏颇单行，不可顾此失彼，相反二者往往是辩证统一的。《任法》篇中就指出对官吏而言，礼法缺少任何一方都会出现不祥之兆，即"群臣不用礼义教训，则不祥；百官服事者离法而治，则不祥。"对君主而言内行法而外行礼，《形势解》所谓"明主内行其法度，外行其理义"说的就是这个道理。《管子·权修》对此也做了具体的论述："法者，将立朝廷者也。将立朝廷者，则爵服不可不贵也。爵服加于不义，则民贱其爵服。民贱其爵服，则人主不尊。人主不尊，则令不行矣。"这段话是说想要实行法治，一方面要在朝廷内设立具体法规，并按法规信赏必罚；另一方面，如果没有礼义行于其中，把爵服给了那些不义的人，人民就会轻贱爵位，也不会衷心悦服其赏罚，这样，政令也就难于推行了。由此可见，管子强调"任法"，但同时也不是说避礼不讲，相反而是主张任法而不避礼。

总之，在管子的治国理政思想中，礼和法是两种同具治理效能的手段，二者只是侧重点有所不同，但是对于实现齐国富国强兵、成就霸业的目标是一致的。礼与法同可作为治国之"仪表"："法度者，万民之仪表也；礼义者，尊卑之仪表也。"（《明法解》）同可作为君主论功酬劳，维护社会秩序的手段。《君臣下》说："故其（人君）立相也，陈功而加之以德，论劳而昭之以法，叁伍相得而周举之。"另外，同样可以兼用以维护等级名分。《五辅》论"礼有八经""法有五务"就是从礼、法的不同角度维护了封建等级制，从而达到治国理政的目的。因此，在管子的基本治国方略中，礼法不是对立的，而是统一的。二者相辅相成、相互促进、相互补充，而不是相互排斥。在理论层面，礼治主张以礼导之，用礼义来教化民众。法治主张以法禁之，以法律为工具治国利民。在实践层面，礼治和法治辩证统一于治国理政实践之中。

二、晏子强礼弱法治国思想——修法治，广政教

晏子名婴，在齐国历史上，他与管仲齐名。管仲以其进取开拓的精神，实现了齐国称霸诸侯的基业。而晏子生活的时代，则是春秋后期的齐国，此时齐国的霸主地位已丧失，政局混乱，社会动荡，姜齐政权衰危。在这一历史时期，晏子"饬法修礼，以治国政。"历仕齐灵公、齐庄公、齐景公三朝，执政五十余年，维持了先主创立的基业，使齐国危而不亡，"垂衣裳朝诸侯"。在保全姜齐社稷的重任中，晏子的礼法治国方略发挥了重要作用。

（一）国运靡常，明德修礼

晏子所事的三君，灵公污、庄公暴、景公奢，齐国公室日益衰微，大夫专权日益严重，并且屡屡发生子弑父、臣弑君、兄弟相残的现象。晏子当政时期，齐国可谓政废礼败，民不安生。此时正值春秋晚期，各诸侯国争霸日甚，西周所遵奉的礼在诸侯国中得不到重视和推行，当时呈现出"礼崩乐坏"的衰败景象。在这"礼崩乐坏""国运靡常"的形势下，为了使国家稳定、社会安宁，晏婴认为"维礼可以已之"，提出了以礼治国的主张并付之于实践。

▌齐国名相晏婴浮雕像（齐文化博物院）

1. 礼：为国御民

晏子认为"礼可以为国"，可以"御民"。基于这样的理念，为了强化君权，稳定政局，晏子审时度势，提出以礼义治国的主张。他在对传统之礼继承的同时，又对其加以修正改良，赋予礼新的内容。

《晏子春秋·内篇谏下》中记载了一则故事，齐景公叹问后世谁将登上齐国的王位呢？晏子的预言是田氏将要取代姜齐，于是齐景公就问晏子"这可怎么办？"晏子回答说："只有用礼能制止这种结果。"故事中，晏子没有抽象地向景公讲"礼"，而是列出礼所具有的具体表现，即"君令臣忠，父慈子孝，兄爱弟敬，夫和妻柔，姑慈妇听"，并说这是"礼之经也"，也就是礼的规范。为了更好地让景公意识到以礼治国的必要性，晏子进一步向景公讲了"礼之质"，所谓"君令而不违，臣忠而不二，父慈而教，子孝而箴，兄爱而友，弟敬而顺，夫和而义，妻柔而贞，姑慈而从，妇听而婉。"意思是说，实践礼的规范就能够达到以上好的效果。这就让景公不仅明白什么是礼，而且明白了以礼治国的好效果。从晏子对景公的讲述可以看出，针对当时社会混乱无序的状态，需要在社会中明等级、正中分、别上下、讲伦理道德，以此恢复维持有序的社会秩序。可见，晏子所谓的礼就是在对所处社会不同地位的人规定相应的道德要求和行为规范。很明显，晏子是将礼作为一种维系社会秩序的行为规范来看待的。

晏子提出礼为处于危势的齐国开具了一剂药方。实际上他是把礼作为调整统治阶级内部以及对立阶级之间乃至人与人之间关系的手段，其目的在于调和社会各成员之间的关系，维护和加强地主阶级的统治。

晏子之礼既有对传统之礼的继承，也有根据时代所做的修正改良。首先，晏子之礼是对管仲之礼的继承和实际运用。《管子·五辅》曰："上、下有义（仪），贵、贱有分，长、幼有等，贫、富有度。凡此八者，礼之经也。……八者各得其义，则为人君者中正而无私；为人臣者忠信而不党；为人父者，慈惠以教；为人子者，孝悌以肃；为人兄者，宽裕以诲；为人弟者，比顺以敬；为人夫者，敦懞以固；为人妻者，劝勉以贞。"可见晏子之礼和管子之礼的传承关系。

其次，晏子之礼不仅注重礼仪，更强调礼义。以力为政、以勇为国的理念依然被当时企图争霸争雄的齐国当权者所崇奉。齐庄公矜夸勇力，而不顾行义，致使有勇力的人在国内肆行无忌，靠威武强横立身，违反圣贤君王的道德。晏子对其行为提出了批评，认为勇力必须受礼义的约束，必须为实行礼义服务，所谓"轻死以行礼谓之勇，诛暴不避强谓之力。故勇力之立也，以行其礼义也。"（《晏子春秋·内篇谏上》）他告诫齐庄公："威戮无罪，崇尚勇力，不顾义理，是以桀、纣以灭，殷、夏以衰。"（《晏子春秋·内篇谏上》）"众而无义，强而无礼，好勇而恶贤者，祸必及身者，若公者之谓矣。"（《晏子春秋·内篇谏上》）意思是：人口众多而没有道义，势力强大而没有礼仪，爱好勇力却厌恶贤人，他自己一定会赶上灾祸的，这些就像说您啊。晏子强调只有实行礼义道德之教，才能有效地实现礼治。

最后，晏子突破了"礼不下庶人"的传统原则规定，将礼治范围扩大到庶民百姓，这无疑是对周礼的改造。晏子强调"夫礼者，民之纪，纪乱则民失，乱纪失民，危道也。"（《晏子春秋·内篇谏下》）认为礼同样适用于平民百姓，是治理人民的一种良策，即所谓"礼者，所以御民也。"

🔗 **知识链接** ··

庄公矜勇力不顾行义

齐庄公过分依赖勇力，而忽视了对"施行仁义"的重视。他偏护那些勇武有力的人，使武夫们滋长骄傲情绪，傲视百官，欺压百姓，闹得京城鸡飞狗叫，人仰马翻。一些有见识、有作为的文臣，得不到重用，官风民风，越来越坏。不少大臣曾劝说过庄公，但他怎么也听不进去。

晏子去见庄公，庄公见来了一位棋坛高手，请晏子与他对弈。但晏子来见庄公是为了劝谏。国君急于要他下棋，他只得按下话头不提，在棋盘上猛打猛冲起来，不一会儿工夫，就吃了庄公不少棋子。庄公沉着应战，慢慢地转败为胜，赢了晏子一局。庄公一向知道晏子棋艺高超，今天为什么失败得如此之快呢？就问晏子道：相国文韬武略，满腹才学，帮助寡人治理国家，都驾轻就熟，为什么这局棋下得如此糟糕呢？晏子用手指着棋盘说：臣有勇无谋，输给国君是情理中的事。下棋是这样，管理国家大事也是这样，臣已经很难胜任相国的重任了。庄公深知晏子自从担任相国以来，协助自己把齐国管理得井然有序，是一位很有名望的重臣。今天说出这样泄气的话让他吃了一惊。但是他猛然间觉得这是晏子在委婉地批评自己：偏爱勇力，而不重视仁义的做法。他很想听听晏子对重用武夫的看法。

晏子回答说：夏朝末年，有大力士推侈、大戏；殷朝末年，有勇士费仲、恶来，这些人都能日行千里、力擒虎豹，可他们却无力挽回夏桀、殷纣的灭亡。夏、商的覆灭，告诉我们一个真理：光靠勇力，而不讲仁义，没有一个不失败的！庄公仔细体会晏子说的话，认为他说得很对，就恭恭敬敬地站起来，感谢晏子的中肯批评，表示以后一定要重视仁义。

晏子借用下棋，劝谏国君如果一味崇尚勇力，不顾及道义，必将落个国危身亡的下场。这体现了晏子以礼义治国的主张。

2. 礼的特点

晏子之礼的规范实行于社会各方面，具体体现在嫡长子继位之礼、勇力之礼、宴饮之礼、丧葬之礼等方面。总体来看，晏子所倡导的礼，出于周礼，但是因长期受到齐国重实践文化的深刻影响，体现出有别于传统之礼的特点，即依礼但不拘泥于常礼。

在晏子看来，治国依礼但不能拘泥不化，要根据实际情况做到通达权变。一是礼不拘泥常法。《晏子春秋·内篇杂上》中的一则故事能体现晏子之礼不拘泥常法的特点。晏子有一次出使鲁国，孔子让弟子前去观看。子贡回来说"孰谓晏子习于礼乎？夫礼曰'登阶不历，堂上不趋，授玉不跪。'今晏子皆反此，孰谓晏子习于礼者？"子贡的疑惑在于，按照鲁国的礼的规范，登阶之时不可越级而上，朝堂之上不可以急趋而行，接受玉器不需下跪。然而晏子拜见鲁君时完全没按照鲁礼，为此对一向以礼闻名的晏子嗤之以鼻。孔子对此也表示质疑。此后晏子结束了对鲁君的拜谒后，离开宫廷去见孔子。面对孔子的质疑解释道："两楹之闲，君臣有位焉，君行其一，臣行其二。君之来速，是以登阶历，堂上趋，以及位也。君授玉卑，故跪以下之。"这段话的意思是说，我听说两堂之间，君臣各有其位，君王走一步，臣子走两步。鲁君走来得快，所以我上台阶跨越而行，在堂上快步走以按规定的时间到达我的位置。君王授受玉时身子低伏，所以跪下以比他更低。晏子还进一步解释道："且吾闻之，大者不逾闲，小者出入可也。"一句话道出了晏子行"不法之礼"的原则，就是"大的方面不超越礼的规则，小的方面有些出入是可以的。"这反映了晏子所谓之礼，是可以根据现实情况适当调整，不必死守礼仪教条而不知变通。

二是礼重实尚简。晏子继承了齐国"因其俗，简其礼"的治国传统，主张礼要重其实质效果，不在意外在繁复的形式，行礼尚简。在《晏子春秋·外篇》中晏子批评孔子"繁登降之礼以示仪，务趋翔之节以观众；博学不可以仪世，劳思不可以补民。"人们"兼寿不能殚其教，当年不能究其礼"。另据《晏子春秋·外篇》载："古者圣人，非不知能繁登降之礼、制规矩之节、行表缀之数以教民，以为烦人留日，故制礼不羡于使事；……非不知能累世殚国以奉死，哭泣处哀以持久也，而不为者，知其无补死者而深害生者，故不以导民。"以此来指斥儒家之礼繁文缛节、厚葬久丧之病。这体现了晏子不拘常礼，而重实质、轻表象的特征。

三是礼合乎人情事理。礼合乎人情事理是说在特殊场合下要充分考虑人情事理，而不是一味地照抄照搬老的礼规。《晏子春秋·内篇杂上》记载了这样一则故事：逢于何的母亲死了，可他家的坟地却被齐景公占为修筑宫室的地基。于是他苦苦哀求晏子，希望能挖开地基，把母亲与早已葬在那里的父亲合葬。这可以说是关于礼的大事儿了，需要权衡。齐景公和梁丘据所说，按照礼的规定，在人主宫室旁埋葬死人，"自古及今"从未有过。对此，晏子从人情事理出发做了如下解释，如不答应逢于何的要求，那么"生者不得安""死者不得葬"，这样不仅会招致百姓的怨恨，而且于情于理则完全不合。这就很明显地体现了晏子之礼注重从实际出发、实事求是的原则。

晏子主张以礼治国，但是又强调不受制于传统，不拘泥于常礼，指出行礼没有一成不变的依据，要结合实际，只要不违背礼的精神，有利于君主和国家的利益，就没有必要刻板教条地行礼。由于晏子切合实际地提倡"礼"，形成了其独特的礼文化。

3. 礼的功能

针对齐国国君礼义不行造成的社会混乱，晏子主张恢复礼的地位和权威，通过修礼来规范国家内部社会各成员间的关系，处理国与国间交往的关系，以此来维护和加强君权统治。为了挽狂澜于既倒，在礼学传统较为薄弱的齐国推行自己的"礼治"主张，晏子在前人的基础上进一步提高了礼的地位。晏子曰："礼之可以为国也久矣，与天地并立。"（《晏子春秋·外篇》）意思是礼可以治国已经很久了，它和天地共同存在。这一方面肯定了礼的治国作用，另一方面也强调了礼治国作用的永恒性。同时通过和天地共存又把礼的治国作用提升到了至高无上的地位，以此来说明"礼治"的合理性及合法性，以期得到君主的重视。

首先，从人的发展角度来看，礼可以有效抑制人的自然性。人之所以为人，在于人的社会性，而体现人的社会性的恰恰在于"礼"。《晏子春秋·内篇谏上》载："今君去礼，则是禽兽也。……凡人之所以贵于禽兽者，以有礼也。"《内篇谏下》亦曰："君子无礼，是庶人也；庶人无礼，是禽兽也。"（《晏子春秋·内篇谏下》）意思是：君子如果没有礼仪，那就是一般人了；一般人如果没有礼仪，那就是禽兽了。由此可见，礼是区分人与禽兽的标志。也就是说，能依礼行事的人才算是一个真正意义上的人，如果违礼而动，那么即便是有一副人的样貌，其本质却与禽兽无别。晏子借《诗》所言："人而无礼，胡不遄死。"（《晏子春秋·外篇》）严肃地表达出了为人不讲礼仪，还不如赶快去死的态度。晏子借此表达了礼在人的发展中是不可或缺的，所以他强调"礼不可去也。"礼是自然人与社会人的分界，这是礼能够发挥作用的基础和前提。

其次，从治国角度讲，礼可以安君御民。春秋诸侯各国，其治国目的根本在于维护统治阶级的地位，国家的存续等同于统治者统治地位的存在。在此意义上来讲，国家治理中的安君和御民是一体两面，相辅相成。御民才能安君，君安须能御民。"礼"在安君御民中担任关键角色，并发挥重要作用。在晏子看来，维护君主的统治地位，首要的是君主自身要守礼。他常常规劝景公要带头守礼。"上若无礼，无以使其下。""人君无礼，无以临其邦。"（《晏子春秋·外篇》）这就是说，国君若不遵礼，就没有办法驾驭官吏、遣使百姓；君主不讲礼仪，就不能够治理国家。"君若无礼，则好礼者去，无礼者至；君若好礼，则有礼者至，无礼者去。"（《晏子春秋·外篇》）可见，国君必须以身作则守礼，这样上行下效，礼才可以在国家百姓中推行。

除了国君自身守礼之外，百官臣下也要守礼。这在晏子看来可以有效限制私门，控制政局。《左传·昭公二十六年》记载晏子与景公在路寝之台议政，景公问何以阻止陈氏势力发展时，晏子回答："唯礼可以已之。在礼，家施不及国，民不迁，农不移，工贾不变，士不滥，官不谄，大夫不收公利。"这就是说，只有仰仗礼才能防范，因为据礼施政，大夫的施舍不能超过君主，因此人民不会迁移，农工商也不会变化，官吏不会滥权贪污舞弊，大夫也不会因贪私利而枉法。由此看出，礼能够使不同地位、不同职业的人各安其位，各就其业，各司其职。但是晏子在这里用礼的指向更强调了大夫官吏。所谓"臣勇多则弑其君，子力多则杀其长，然而不敢者，维礼之谓也"（《晏子春秋·内篇谏下》）。这就是说过于勇猛的人就会杀死他们的君主，过于有力的人就会杀死他们的长辈，然而他们不敢这样做，只是因为有礼仪约束罢了。晏子的劝诫对于齐国后期弑杀君主、人臣相杀等混乱情形可起到很好的抑制作用，以此维护国君的统治地位。

安君需要御民。对老百姓的治理始终是统治阶级维护其统治的重点。晏子认为："礼者，所以御民也。"（《晏子春秋·内篇谏下》）正如"辔"是御马的工具一样，"礼"则是御民的工具。《晏子春秋·内篇谏下》就曾说："夫礼者，民之纪。"这里的"纪"，是指伦理纲常、制度规范，其实质就是君主统治人民的工具。如果"纪乱"，则会导致"民失"，而"乱纪失民，危道也"，故《晏子春秋·内篇谏下》曰："无礼而能治国家者，晏未之闻也。"对于礼的御民作用，"今齐国五尺之童子，力皆过婴，又能胜君，然而不敢乱者，畏礼也"（《晏子春秋·外篇》）的记载即是明证。

最后，从对外交往层面来看，礼有利于创造良好的外部环境。春秋时期，诸侯蜂起，国家的存续发展受到外部诸国间利益的影响。没有好的外部环境，当时任何国家都难以独善其身，而礼在其中便发挥了重要作用。一方面，若处处依礼而行，则可能挫败别国的阴谋挑衅，消灾祸于无形之中。反之，外交礼仪不得体，就有可能引发国家之间的矛盾，甚至战争。《晏子春秋·内篇杂上》载，晋平公打算攻伐齐国，先派范昭去观察情况。在宴会上，范昭故意以违礼行为挑衅齐国君臣，从而遭到了晏子和太师的依礼拒绝。范昭归报晋君，平公遂打消了伐齐的念头。以礼行事，维护了国家的尊严，避免了战争灾难。孔子听到这件事后大为赞叹："善哉！不出于尊俎之间，而折冲于千里之外，其晏子之谓也。"另一方面，以礼处卑，有利于国家的存续和发展。《晏子春秋·内篇杂上》载，景公出于至诚，"予鲁君地山阴数百社"，鲁国派子叔昭伯去接受土地，但是没有全部接受。他解释说："臣受命于君曰：'诸侯相见，交让，争处其卑，礼之文也；交委多，争受少，行之实也。礼成文于前，行成章于后，交之所以长久也。'且吾闻君子不尽人之欢，不竭人之忠，吾是以不尽受也。"从而得到齐君与晏子的盛赞。景公"于是重鲁之币，毋比诸侯；厚其礼，毋比宾客"。由此可见，遵礼而行，对于春秋时期谨守"以小事大"政策的弱国意义非凡。

1. 君臣之礼不可无

在晏子辅佐齐景公初期，有一次，齐景公设宴与群臣共饮。酒宴上，君臣彼此祝酒，喝得兴起之时，景公突然心血来潮，把手一摆，对着众臣子们说："今日寡人愿与诸位大夫喝个痛快，请各位不必拘于君臣礼节。"晏子听了这话，马上显出不安的神色来，他对景公说道：大王的话说的太过了吧。如果群臣听了您的话，都不拘于君臣礼节，那么下人中力气大的可以打败他的长官，勇猛的家伙甚至可以杀了他的君主。况且一个国家如果不拘君臣礼节的话，与禽兽也没什么两样，强者可以凌虐弱者，一天可以换一个主子，君王靠什么立国呢？人之所以比禽兽尊贵，究其原因是人懂得礼节。《诗经》上说："人如果不懂得礼节，为什么不早点儿死呢？"这也就是说礼决不是可有可无的东西。晏子劝得恳切，然而景公沉迷于杯中之物，正有兴致，听到晏子的话，反倒觉得扫兴。因此，景公对晏子的劝告也背而不理，好像没有听到似的。

晏子见景公不答，也没有再强作解释，群臣们又继续饮酒欢乐。过了一会儿，景公因事离席，在出去的时候，晏子竟然不起身恭送；等到景公由外入座，晏子又不起身相迎；在交杯互敬时，晏子更是抢先饮酒，好似景公不在场。齐景公看到晏子如此无礼，而且一而再，再而三，不禁气恼起来。终于，景公忍无可忍，容色大变，抓紧着自己的双手，怒目而视地责问晏子道："刚才先生还教寡人，人之相处不可以无礼。但寡人出入席次，你不起身迎送，交杯敬酒时，你又抢先来饮，这难道合礼吗？"

晏子听了，立即离席起身，非常有礼貌地稽首礼拜，向景公回答道："晏婴怎敢忘记刚才向君上讲的话呢？臣只不过用行动来说明无礼的实际样子罢了。君上如若要不拘礼数，那就是这个样子啊！"

景公这才明白晏子的用意，心中很感慨，原来不拘礼数是如此结果，于是惭愧地说道："这样看来，的确是寡人之过啊！先生请入席，寡人听从先生的谏言就是了。"酒过三巡之后，景公便依礼停止了这次饮宴。

晏子巧妙地做出具体行为，以自身不守礼的实际行动来规劝，终于使景公认识到礼的重要性，从而听从谏言，使祸患防范于未然。自此以后，齐景公锐意革新，整饬法纪，修明礼乐。如此不久，不仅使国家政务走上了轨道，百姓们也安居乐业，社会秩序由此更加有条不紊了。

2. 晏子使吴

春秋时期，齐国派遣晏子（晏婴）作为使者访问吴国。正式会面的时间到了，吴国礼官按照设计好的台词，以周王朝的礼宾官口吻对晏子说："请齐国来使晏婴入宫拜见当朝天子。"晏子熟知礼仪，装没听见，站在原地并不匆忙行动。外交官重复了相同的话几次，晏子每次都表现出困惑的样子问："我是奉齐王之命到吴国访问的。难道因为我不聪明，迷失了道路，冒冒失失来到了周天子的朝廷吗？请问礼宾官，当今周天子属下到底有没有个吴国呢？"晏子的一席反问，把礼宾官呛了个鱼刺在喉，羞红着脸无言以对，只好一溜烟向吴王汇报去了。听完汇报吴王一愣，进而故作镇静，说："大国之相，不能戏弄，造次不得，还是谨言慎行好。就按国与国之间交往的规矩办吧。"最终，吴王不得不出来并按照诸侯之间的礼节接待了晏子。

"晏子使吴"表现了晏子卓越的外交才能，对吴王僭称天子的非礼行为巧妙地予以批评，晏子以礼赢得了此次斗争的最终胜利。

3.折冲樽俎

春秋时，日益强大的晋国想要攻打齐国，为了刺探齐国君臣形势，晋平公派遣大夫范昭出使齐国。

范昭到了齐国后，齐景公盛宴款待他。酒至半酣，范昭对齐景公说道："大王，请您赐给我一杯酒喝吧！"齐景公就对左右说："把酒倒在我的酒杯中给他拿去。"范昭接过以后，一饮而尽，并准备把酒杯还给齐景公。这时，坐在齐景公旁的晏婴看见了，立刻厉声命令侍臣："将这些酒具撤了，另换酒具。"古时君臣有严格的礼节，绝对不能混淆。范昭本想借助齐景公的酒杯，混淆君臣之礼，以观察齐国大臣的反应。结果他的这一计策，被晏婴识破了。

酒具更换完后，范昭假装酒醉，不高兴地起身跳起舞来，并且对管理乐工的乐官说："能为我演奏成周的乐曲好吗？我愿给你跳个舞。"乐官说："我愚昧，没有练习过。"范昭生气的快步走了出去。

齐景公又对乐官说："先生为什么不为客人演奏成周的乐曲呢?"乐官回答道："那成周的乐曲，是周天子专门使用的乐曲呀，倘若演奏它，一定要是国君才有资格随乐起舞。而这个范昭，只不过是个臣子罢了，却妄想用天子之乐伴奏跳舞，所以我不替他演奏。"

范昭回到晋国后，把这些情况都向平公作了报告，并说道："齐国是不能去征伐的。我本想试探一下它的国君，当即被晏子识破了;我又想冒犯一下它的礼仪，也被乐官看穿了。齐国晏婴严厉、公正，而遵君臣之礼。齐国有这样的贤臣，我们没有必胜的把握。"于是，晋平公取消了攻打齐国的计划。

晏子以礼行事，维护了国家的尊严，避免了战争灾难。孔子给出了"夫不出尊俎之间，而折冲于千里之外"的赞誉，不出酒宴之间，却战胜了千里以外的敌人。在谈判桌上通过对礼仪的维护、正义的伸张来折服和制胜对手。

（二）饬法省刑，宽政惠民

在崇"礼"的同时，晏子也讲"法"，首次提出"法治"一说，即"修法治，广政教"。在晏子看来，以法治国是国家治理不可或缺的。晏子从政之时，统治者骄奢淫逸，生活糜烂，据《晏子春秋》记载："齐国丈夫耕、女子织，夜以接日，不足以奉上。"（《晏子春秋·内篇谏下》）再加之，他们内斗频繁，刑罚苛重，不顾人民死活，百姓动辄获罪，以致市场之上"屦贱而踊贵"（《晏子春秋·内篇杂下》），"拘者满囹，怨者满朝"（《晏子春秋·内篇谏下》）。但是此时齐国的法治传统濒临断绝，先君留下的法律条文形同虚设。晏子深深感触到"国无常法，民无经纪"乃是"亡国之行也"。他在充分吸收管仲法律思想的基础上，结合当时时代环境主张饬法省刑、宽政惠民，提出了"修法治，广政教"（《晏子春秋·内篇谏上》）的法治主张。

1. 用法为时禁暴

《晏子春秋·内篇问下》讲述了晏子出访吴国的一则故事：吴王问如何可以长久地保持国家的威严强大。晏子针对吴王内政不修却热衷称霸的实际，向吴王提出了不失掉保持国家威严强大局面的方法，其中在法律方面提出了"其用法为时禁暴"的主张。意思是说国家制定、实施法律的目的是替社会禁止暴虐、为人们制止暴行。这一语道出了法律的作用。《晏子春秋·内篇问上》亦曰："养民不苛，而防之以刑辟。"也是表明了役使百姓不要苛刻，用刑罚是来防止他们犯罪的观念。如上文所述，晏子所处时代，法治传统被国君弃之不用，法律形同虚设，社会失序，政局动荡，晏子强调用法为时禁暴正切合了当时的社会实际，其目的是用法来防止百姓犯罪，进而维护国家安定。

2. 赏其该赏，罚其必罚

赏为激励，罚是制约，这是国君御群臣理万民的两种法治手段。必须做到赏其该赏，罚其当罚，才能实现治国的目标。晏子针对齐景公"燕赏无功而罪有司"的过失，从正反两方面向景公讲述了"信赏必罚"的重要性和必要性。他说："今君赏谗谀之臣，而令吏必从，则是使君失其道，臣失其守也。先王之立爱，以劝善也；其立恶，以禁暴也。昔者三代之兴也，利于国者爱之，害于国者恶之，故明所爱而贤良众，明所恶而邪僻灭，是以天下治平，百姓和集。及其衰也，行安简易，身安逸乐，顺于己者爱之，逆于己者恶之，故明所爱而邪僻繁，明所恶而贤良灭，离散百姓，危覆社稷。君上不度圣王之兴，而下不观惰君之衰，臣惧君之逆政之行，有司不敢争，以覆社稷，危宗庙。"（《晏子春秋·内篇谏上》）此段文字深刻地阐明了赏有功，罚有罪，赏罚分明，是治国施政的要义。要做到这一点，就必须公正执法。"喜乐无羡赏，忿怒无羡刑""不因喜加赏，不因怒以加罚"。

《管子·明法解》曰："明主虽心之所爱，而无功者不赏也；虽心之所憎，而无罪者不罚也"，故"《明法》曰：先王之治国也，不淫意于法之外。"可见晏子"信赏必罚"的思想与管子法律思想的一致性。

在赏罚问题上，晏子还主张"从邪害民者有罪，进善举过者有赏"(《晏子春秋·内篇问上》)。帮助奸邪残害人民者有罪，为国进谏善言，揭发坏人的就奖赏。晏子的这一主张，体现了民本思想和民主精神。这个准则，可以"明所爱而贤良众，明所恶而邪僻灭"(《晏子春秋·内篇谏上》)，收到天下治平的良好社会效果。

3.国无常法，民无经纪

在法的制定方面，晏子认识到"国无常法，民无经纪"的立法原则。这就是说法律的制定应随时代的特征和现实形势的变化不断调整。一方面，晏子主张"古者百里而异习，千里而殊俗。故明王修道，一民同俗。"(《晏子春秋·内篇问上》)意思是说，国君制定法令，要考察地域与社风、民情与习俗，做到因地、因民、因习俗而制宜，才能收到良好的治国效果。这是立法必须遵循的重要原则。

另一方面，晏子主张制定的法应该遵循公开的原则，即法一旦制定就需要向民众公布，让民众知晓。只有这样，触犯者才能够知其所犯何罪；可以有效地防范民众因不知法令而犯法的事情发生。《晏子春秋》记载了一则故事："景公使圉人养所爱马，暴病死，公怒，令人操刀解养马者。"晏子批评景公过错，阻止景公暴行，他认为圉人"此不知其罪而死，臣请为君数之，使自知其罪，然后属之狱。"(《晏子春秋·内篇谏下》)意思是说，如果将养马的人处死，那么他连自己犯了什么罪被处死都不知道啊。然后晏子开始替养马人数说他的罪状，让他知道自己的罪过，然后再交给狱吏治罪。晏子貌似历数养马人的罪状，实则批评景公过错，迫使景公赦免了养马人。晏子为养马人开脱反映了制定的法令必须公开，让民众知晓是执行的前提。这个故事在反映景公滥施刑罚"纵欲而轻诛"的同时，也从反面说明了法令必须要广泛宣传，让百姓周知的道理。

4. 诛不避贵，赏不遗贱

晏子主张法一旦制定，就要公正地加以执行，这体现了晏子的执法原则。晏子强调："左右所求，法则予，非法则否。"这就说明执行法令不能随心所欲，要以法令规定为准绳。齐景公曾经问晏子："古之盛君，其行何如？"齐景公想知道古代有大德的君主所作所为怎么样？晏子针对齐景公的不思进取，指出古之盛君能让普天下的民众同心同德，对待国事就像对待自己的家事一样。其中在用"法"治国方面，在晏子看来，古代圣明君主能够做到公正执行法令，"不因喜以加赏，不因怒以加罚"（《晏子春秋·内篇问上》）。即不要因为自己高兴时就乱加赏赐，也不要因为自己生气而随便处罚人。"不以私恚害公法，不为禽兽伤人民"（《晏子春秋·内篇谏下》），意思是不以个人私怨损害公法，不为了禽兽去损害百姓，而是能够做到"诛不避贵，赏不遗贱""刑罚中于法，废罪顺于民"（《晏子春秋·内篇问上》）。

所谓"诛不避贵，赏不遗贱"，就是惩罚邪恶，不庇护权贵，庆赏贤能不遗漏贫贱之士。《管子·七法》曰："论功计劳未尝失法律也，便辟、左右、大族、尊贵、大臣，不得增其功焉。疏远、卑贱、隐不知之人，不忘其劳。"晏子消化了管子的这一主张，而提出的"诛不避贵，赏不遗贱"的主张，是对"刑不上大夫，礼不下庶人"这一传统观念、制度的进一步否定，体现了执法平等、公正的精神。

所谓"刑罚中于法"，就是说，在制定刑罚条文时，既不可繁苛，也不可疏漏，宜取于"中"，合乎法度，恰到好处。所谓"废罪顺于民"，就是说，在恢复、整顿业已废弛的旧法令时，要体察民情，损益其罪及罪类，该删就删，该加就加，做到百姓能够接受，合乎国情民心，这与管仲提出的"修旧法择其善者而业用之""下令于流水之原者，令顺民心"之主张是一脉相承的，体现了晏子主张执法公正的原则。

执法公正还体现在国君要以身作则。君主制定的法令是用来约束民众行为的，但同时也是对国君自身的约束，也就是说，法令同样适用于国君，国君禁止民众做的，那么国君自己也要遵守。这就是晏子所说的"所求于下者，不务于上；所禁于民者，不行于身。"（《晏子春秋·内篇问上》）即强调君主也应该遵循法令，而不能放任自己。

5.弛省刑罚

齐景公时，"藉重而狱多，拘者满圄，怨者满朝。"当时狱讼繁多，刑罚严酷，被拘捕的人塞满监狱，怨恨的人充满外朝。晏子认为治理国家时如果放纵民欲而严厉治理他们的诉讼，狠狠处罚他们的过错，是难以治理好国家的。晏子主张要慎重使用法律，应该尽量减轻甚至免除严苛的刑罚。他提出了"弛刑罚"和"省刑罚"的主张，所谓"弛刑罚"，就是在量罪施刑时，下减一等，即"若死者刑，若刑者罚，若罚者免。"（《晏子春秋·内篇杂下》）所谓"省刑罚"就是减轻或者废除某种刑罚。晏子以"踊贵屦贱"的事实揭示了齐国刑法残酷、荼毒人民的重大问题，不露声色地向齐景公劝谏，收到了良好的效果，达到了减轻刑罚的目的。在晏子看来，驰省刑罚便会收到"民无怨言，国无虐刑"的效果。这一主张与管仲"法行而不苛，刑廉而不赦"的思想，有共通之处。

 知识链接

1. 伤槐者之女

齐景公为了自己所喜爱的槐树，命令官吏严加守护，并且立起木杆悬挂禁令：碰槐树的受罚，伤槐树的处死。有个没见到禁令、醉酒后误碰了槐树的人，齐景公将要对他治罪。这个人的女儿去到晏子家，借故向晏子申诉，认为明君治理国家，不应随便立法增刑，不应以个人私怨损害公法，不应为了禽兽去损害百姓。现在我们的国君将要因为槐树的缘故杀掉我的父亲，使妾身变成孤独一人。这个禁令已经对百姓实行，又在国内定成了法。国君爱树而轻人，我担心这样做是会损害察吏执行的法令，是会败坏明君仁义的呀！晏子听后朝见景公，认为碰槐树的受罚，伤槐树的处死，如此因自己的私欲进行刑杀是不当的。他指出君主所作所为是最大的暴虐，是显明的乖戾，是最严重的害民。最终景公下令官吏解除看守槐树的差事，拔掉悬挂禁令的木杆，废除伤槐处刑的禁令，释放了那个碰了槐树而被囚的人。

这则故事指出君主不应将自己的私欲作为法令，而是要做到合乎法度、恰到好处地执行法令。

2. 踊贵屦贱

齐景公在位时，刑罚相当残酷，动辄就把人的双脚砍掉。当时，社会上出现了一种职业：专门做假脚出售。有一天，齐景公想叫晏子换一换住所，对他说："先生的住宅靠近市场，又狭小，又嘈杂，请换一个清静的住所吧。"晏子说："这是先父住过的地方，我的功德远不及先父，这间住宅对我来说已经是够奢华的了。再说家近市场，早晚买东西方便，对我是很有利的。"齐景公笑着说："先生住在市场旁边，可知道最近物价的贵贱吗？""当然知道。"晏子答道。"那么，什么东西卖得贵，什么东西卖得贱呢？"晏子答道："假脚卖得贵且在天天涨价，鞋子卖得便宜且在天天跌价。"齐景公听了脸色大变，于是就不再滥用砍脚的酷刑了。

晏子抓住了最能反映本质的现象：用"踊贵屦贱"这一事实揭示了齐国刑罚残酷、荼毒人民的重大问题，不露声色地向齐景公劝谏，收到了良好的效果，达到了预期的目的。

（三）礼法并用，强礼弱法

晏子不仅主张以礼治国，而且同时主张以法治国，提出了适合齐国实际情况的礼法兼治的政治主张，以构建他理想中的和谐社会。这种礼法并用的思想与管子学是一脉相承的。

周代"以礼治天下"，但晏子当政之时，周天子威望衰落，大权旁落，诸侯国日益强大，纷争四起，子弑父、臣弑君、兄弟相残、大臣相害现象屡见不鲜，这个时期可谓"礼崩乐坏"。齐国后期政治局面就是上述现象的缩影。为了力挽狂澜于既倒，晏子主张"复礼""饬法"，把礼和法看作统治百姓的工具、治国的重要措施，试图通过礼、法来维系国家命运。但是综合晏子的治国思想及其实践可以看出，礼治和法治始终是其所依凭的两种手段，并且贯穿于晏子治国实践之中。《晏子春秋》所记载的晏子对齐国君的劝谏故事就是最鲜明体现。其中晏子要么导之以礼，要么劝之以法，在直言劝谏中礼法并用，维护和稳固了齐国统治阶层的统治地位。但是就晏子治国思想倾向来看，在其实践礼治和法治的过程中，体现出一定的强礼弱法的倾向。

1.强礼

晏子治国强礼的倾向集中体现在其"民本"政治思想之中，是该政治思想的基础。也就是说，没有重礼的治国倾向，也不会形成其"民本"思想。因此，如何重视民众，怎样才能做到以民为本，晏子首推"礼"这一治国策略。在治国实践中，礼是晏子治国所依之本，所用之先。这种本礼、先礼的治理理念鲜明体现了晏子治国思想的强礼倾向。同时，本礼、先礼的理念蕴含于晏子"民本"思想之中，成为晏子"民本"政治思想的核心内涵。而"民本"思想的主张及其实践就成为了其强礼治国策略的外在体现。

晏子的"民本"思想是基于历史教训和现实经验的深刻认识，认为统治者"意莫高于爱民，行莫厚于乐民；意莫下于刻民，行莫贱于害民。"（《晏子春秋·内篇问下》）其实，在晏子辅政长达 60 余年期间，屡谏齐王"仁政爱民"。他对齐景公"与民为雠""不顾民而忘国"的行为多次提出批评，指出："君得罪于民，谁将治之？敢问：桀、纣，君诛乎，民诛乎？"（《晏子春秋·内篇谏上》）意思是说与老百姓为敌的人，早晚终将被老百姓所战胜。这是对国君和整个统治阶级提出的严正警告。基于这样的认识，晏子向齐王提出了"民本"观点，即"谋度于义者必得，事因于民者必成。义，谋之法也；民，事之本也。"（《晏子春秋·内篇问上》）这就是强调统治者要重视人民的作用，政令要以民为本。基于"民本"思想主张，晏子在施政过程中提出了许多"重民"的主张。

一方面，为了减轻人民负担，主张薄赋敛，省徭役。晏子劝谏齐王要"俭于藉敛，节于货财，做工不历时，使民不尽力，百官节适，关市省征，山林陂泽，不专其利，领民治民，勿使烦乱，知其贫富，勿使冻馁。"（《晏子春秋·内篇问上》）指出君主应该"饱而知人之饥，暖而知人之寒。"（《晏子春秋·内篇谏上》）他曾多次批评齐景公"使民若不胜，藉敛若不得，厚取于民而薄其施。""兴事无已，赋敛无厌。"（《晏子春秋·内篇问上》）劝谏齐景公不要修建大台、长庲、邹之长途之役，为人民解除了沉重的徭役负担。

另一方面，为了减轻人民痛苦，主张减轻刑罚，反对杀戮无辜。齐国后期，尤其是齐景公时期，滥施刑罚，"藉重而狱多，拘者满圄。"同时，对人民多残暴行径，"常致其苦而严听其狱，痛诛其罪""诛僇如仇雠"。导致当时市场上出现"踊贵而屦贱"的现象。晏子对此不断提出批评，认为执政者应该"刻上而饶下，涉过而救穷，不因喜以加赏，不因怒以加罪。"（《晏子春秋·内篇问上》）他明确提出："驰刑罚，若死者刑，若刑者罚，若罚者免。"（《晏子春秋·内篇杂下》）主张减轻刑罚，如果是犯死罪的人就判刑，如果是该判刑的就罚款，如果是该罚款的就免除。

再一方面，为了纠正世风，主张为政以德。齐国后期世风日下，统治阶层穷奢极欲，结党营私、谗佞谄谀，社会风气浮薄，成为治国之患。对此，晏子主张应当对私欲和富利加以限制，提出了"廉者，政之本也"的主张。晏子廉洁节俭，他多次拒绝齐景公的赏赐，反对改建自己简陋的住宅，甚至交出自己的俸禄、食邑和车辆。虽然身居相位，却一直过着节俭乃至清寒的生活。下面这个故事就说明了这个问题，《晏子春秋·内篇杂下》载：

> 晏子朝，乘弊车，驾驽马。景公见之曰："嘻！夫子之禄寡耶？何乘不佼之甚也？"晏子对曰："赖君之赐，得以寿三族，及国游士，皆得生焉。臣得暖衣饱食，弊车驽马以奉其身，于臣足矣。"晏子出，公使梁丘据遗之辂车乘马，三返不受。公不说，趣召晏子。晏子至，公曰："夫子不受，寡人亦不乘。"晏子对曰："君使臣临百官之吏，臣节其衣服饮食之养，以先国之民，然犹恐其侈靡而不顾其行也。今辂车乘马，君乘之上，而臣亦乘之下，民之无义，侈其衣服饮食而不顾其行者，臣无以禁之。"遂让不受。

晏子之所以节俭，并非生活困顿，乃因作为一国之重臣，他需要以节俭的生活表率于百姓之间，以端正民俗，引领风尚，这对于一个国家来说非常重要。他不但身体力行，而且对穷奢极欲的齐景公也敢于犯颜强谏，指出节俭廉洁"可以洁下"，即以自己的行动影响下属，使下属廉洁节俭，为国民做表率。反之，就会遭受祸害。

晏子为政以德的主张还体现在其尊贤使能的思想方面。由于结党营私、谗佞诡谀对国家危害很大，晏子深恶痛绝，将它们比作社鼠猛狗，提醒国君并坚决反对信用谗佞。同时，晏子非常重视人才的任用。他反复强调贤君治理国家的原则是：

"其政任贤,其行爱民……从邪爱民者有罪,进善举过者有赏。"(《晏子春秋·内篇问上》)认为"有贤而不知""知而不用""用而不任"是国家不吉利的事情。晏子认为得贤的方法是"举之以语,考之以事。""无以靡曼辩辞定其行,无以毁誉非议定其身。""通则视其所举,穷则视其所不为,富则视其所分,贫则视其所不取。"(《晏子春秋·内篇问上》)有了得贤方法,那以什么标准来选择贤能呢?《晏子春秋·内篇问上》曰:"人不同能,而任之一事,不可责遍成。"从客观上强调了人无完人的道理。所以在运用贤能时要"谄谀不迩乎左右,阿党不治乎本朝。任人之长,不强其短;任人之工,不强其拙。"(《晏子春秋·内篇问上》)像这样举贤任能,治理国家,足可反映出晏子对"为政以德"政治理念之支持。

2.弱法

在晏子的治国策略中有"礼""法"之别,礼重视的是仁德,法则突出的是刑罚。作为治国的又一重要策略,"法"相对于"礼"而言,在晏子的治国理念中则相对弱化。这集中体现为"省刑"的政治主张,即国君执行法律要慎重,对人民应该尽量减轻甚至免除严苛的刑罚。《晏子春秋·内篇谏上》"景公欲诛圉人"的故事就说明了这个问题。

> 景公使圉人养所爱马,暴病死,公怒,令人操刀解养马者。是时晏子侍前,左右执刀而进,晏子止之,而

问于公曰："尧舜支解人，从何躯始？"公惧然曰："从寡人始。"遂不支解。公曰："以属狱。"晏子曰："此不知其罪而死，臣请为君数之，使自知其罪，然后属之狱。"公曰："可。"晏子数之曰："尔罪有三：公使汝养马而杀之，当死罪一也；又杀公之所最善马，当死罪二也；使公以一马之故而杀人，百姓闻之必怨吾君，诸侯闻之必轻吾国，汝杀公马，使公怨积于百姓，兵弱于邻国，当死罪三也。今以属狱。"公喟然叹曰："夫子释之！夫子释之！勿伤吾仁也。"

可见，在晏子的治国理念中，"仁"要高于"法"，这本质上还是强调治国礼为先、礼为本，当礼不能发挥效果时，才采用"法"的手段。"先民而后身，先施而后诛"，要求国君时时处处把人民的利益放在第一位，施行恩赐在先而责罚过失在后。另外，晏子劝谏景公因为"无仁义之心，是以纵欲而轻诛。"这也说明了国君在定法和执法时必须要基于"仁义之心"，本质还是主张先礼、本礼。《晏子春秋》中记载的多则故事都体现了用"法"的温和态度，如景公欲诛骇鸟野人（《晏子春秋·内篇谏上》）、景公欲杀犯所爱槐者（《晏子春秋·内篇谏下》）、景公逐得斩竹者囚之（《晏子春秋·内篇谏下》）等。

晏子的礼治和法治是其治国策略的两个方面，既有管仲重法尚功的承继，也蕴含了儒家"仁政"的因素。强礼和弱法在晏子的治理实践中做到了既对立统一，又相辅相成，对稳定齐国后期政局，维护和加强齐国统治阶级地位发挥了重要作用。

三、孔子的礼法思想——道政齐刑与
道德齐礼

　　孔子生活的春秋时期，是一个动荡不宁、礼崩乐坏的时代。为了寻求治世之道，诸子百家都在探寻治世方略。孔子以济世利民的情怀把目光投向了相传夏、商、周的"三代之治"，在主张继承周礼基础上，提出了礼治思想。不过，当时诸侯国在寻求变革的过程中，追求以强制的法律举措来治世的思想也十分活跃。在孔子的政治主张中，也没有回避诸如政令、规制、法则等现代意义上的法治方略，相应的，孔子对此也给予了赞赏。《论语·尧曰》就记载："谨权量，审法度，修废官，四方之政行焉。"意思是说统一度量衡，修订荒废的官制，全国各地的政令就会通行。这表达出了孔子对让人必须遵守的规制的认可。另外，《论语·子罕》也记载："子曰：法语之言，能无从乎？"意思是：严肃而合乎原则的话，怎能不接受？以上两处记载，不论是"法度"还是"法语"，都具有原则或法则的意义。这又反映出了孔子政治主张中的法治思想。因此，孔子的治世主张体现的是礼法兼具的思想。

（一）"为国以礼"的礼治思想

在治国方略上，孔子认为用道德教化来治理国家是最高尚的治国之道。因此他首先提倡以礼治国，即礼治。孔子说："治国不以礼，犹无耜而耕也。"（《礼记·礼运》）"治国而无礼，譬犹瞽之无相与，伥伥乎其何之？譬如终夜有求于幽室之中，非烛何见？"（《礼记·仲尼燕居》）意思是治理国家不用礼，就像没有农具还想耕地一样。治理国家如果没有礼，那就好像盲人走路而没有引导的人，迷茫中要去向何处呢？又好像整夜在暗室中寻找什么，没有烛光能看见什么呢？这一语道出了礼是国家治理不可或缺的工具。另据《礼记·礼运》记载："礼者君之大柄也。所以别嫌明微，傧鬼神，考制度，别仁义，所以治政安君也。"指出礼是国君治理国家的最有力的工具，有了它才好区别嫌疑，明察幽隐，敬事鬼神，订立制度，赏罚得当，总而言之，有了它才好治理国家，维护君权。这又道出了礼与治国安邦休戚相关。在孔子看来，如果没有礼，要想实现国家长治久安也是不可能的。可见，治国非有礼不可是其鲜明的治世主张。

1. 三代之礼"吾从周"

春秋时期，周王的地位受到诸侯国的挑战，各诸侯国之间也是征伐不休、以强凌弱、以暴欺民，周天下礼崩乐坏，例如鲁季氏竟然以卿的身份行天子之礼，八佾舞于庭。面对由治趋乱的社会局面，孔子可谓是"是可忍，孰不可忍也？"（《论语·八佾》）为此，他极力想重塑人的内心德性，恢复贵贱有等、差别有序的社会秩序，带着对前代治世方略的思考开始从中找寻治世之道。

据《礼记·大同》记载，孔子曾作为来宾参与蜡祭，在祭事完毕后，孔子出来到观楼上游览，期间感叹鲁君的失礼。弟子言偃问老师为什么叹气，孔子做了这样的回答，"大道之行也，与三代之英，丘未之逮也，而有志焉。"这句话的意思是说，大道施行的时代，和夏商周三代杰出君主在位的时代，我都没能赶得上，可是我心里向往（那样的时代）。从孔子的话语中不难看出，前代大道之行的大同时代，夏、商、周三代的小康之治是孔子所向往追求的治世目标。大同时代和三代杰出君主的治世方略自然就成为孔子解决当时乱世的参考答案。但是在孔子看来，由当时所处的乱世是难以直接进入大道之行的大同时代，而须先经由"三代"的小康之世。因此，夏、商、周三代的小康之治就成为孔子找寻治世之道的首选目标。

孔子找寻的治世之道是什么呢？《礼记·大同》记载："禹、汤、文、武、成王、周公，由此其选也。此六君子者，未有不谨于礼者也。以著其义，以考其信，著有过，刑仁讲让，示民有常。如有不由此者，在执者去，众以为殃，是谓小康。"这段话的意思大致是，夏禹、商汤、周文王、武王、成王、周公这六位君子，没有一个不是把礼当作法宝，从而一切都是有规可循。反之，如有不按礼办事的，社会就会出现混乱。由此可见，以礼治世成就了三代小康之治，也就是说，孔子从前代找寻到了治世之道的答案，那就是"礼治"。

在继承夏商周三代之礼中，孔子最终选择了周礼。孔子认为："夏礼，吾能言之，杞不足征也；殷礼，吾能言之，宋不足征也。文献不足故也。足，则吾能征之矣。"（《论语·八佾》）这段话表明了夏朝礼和商朝礼虽然能够说出一些来，但是因为文字资料和熟悉夏礼和殷礼的人不足的缘故，已经很难得到准确的印证了。鉴于此，孔子认为："殷因于夏礼，所损益，可知也；周因于殷礼，所损益，可知也。其或继周者，虽百世，可知也。"（《论语·为政》）意思是说，殷礼、周礼均是在前代典章制度、礼仪规范的基础上，有所损益，既有所继承，也有所革新。这就说明周礼的记载较夏礼、殷礼更为清晰系统，是在沿袭殷礼和夏礼的基础上改变和进益的成果。因此，孔子说："周监于二代，郁郁乎文哉！吾从周。"（《论语·八佾》）表明了孔子对周礼的遵从。但是具体到周礼本身，孔子也不是一切盲从，而是有所取舍，择其善者而从之。《论语·卫灵公》载："行夏之时，乘殷之辂，服周之冕，乐则韶舞。放郑声，远佞人。"由此可见，孔子主张治国需采用夏朝的历法，乘坐殷商的车子，戴周朝的礼帽，用韶乐和武乐，舍弃郑国靡曼的音乐，远离奸佞的小人。孔子相信，遵循周礼，按照周礼来治理天下，天下就会由乱到治。

2. 礼之本在仁

孔子所说的"礼"，是对周礼的捍卫和继承。如何实现以礼治国呢？孔子认为礼的根本在"德"。鲁国的季康子就问过孔子："如杀无道，以就有道，何如？"（《论语·颜渊》）主张用刑杀来禁人为非。孔子不同意其政见。孔子曰："子为政，焉用杀？"（《论语·颜渊》）孔子认为用刑杀来治理只能使人民暂时地免于犯罪，不会从根本上避免更大的暴乱。孔子认为，"导之以政，齐之以刑，民免而无耻；导之以德，齐之以礼，有耻且格。"（《论语·为政》）孔子主张用政令来引导百姓，用刑罚来整饬民众，百姓只会让自己免于刑罚，却没有羞耻之心；用道德去引导百姓，用礼义来教化民众，百姓不但有羞耻之心，而且能够匡正自己的错误。可见，孔子反对独任政令、刑罚来整饬民众，主张以道德、礼义从根本上来教化民众，使老百姓做到"有耻且格"，自觉地不犯罪。因此，"礼治"在孔子看来其本质就是"德政"，换言之，礼治也就是德治，在治理过程中要以教化为先。

孔子认为施行礼治就要对老百姓以"德"加以教化，要敬德、崇德，如此才能实现劝民为善的目的，社会才能和谐。如何才能实现用德教化的目的呢？孔子认为以德教化就是要讲求"仁"。通篇《论语》，孔子论及最多的就是"仁"。孔子认为：仁就是"爱人"，"爱人"又在人的不同行为方面有不同的体现，正如孔子在回答弟子问仁时所回应的那样，"己欲立而立人，己欲达而达人"(《论语·雍也》)、"己所不欲，勿施于人"(《论语·颜渊》)、"克己复礼为仁"(《论语·颜渊》)等。以上孔子对"仁"的解释体现了"仁"在行为中的多样表现，但从仁的本质来看，孔子还是认为仁所体现的是人格最高境界所必备的一种道德品质，仁是道德品质在人际之间的表现，它所构建的是社会发展中人际之间的共同和谐发展状态。这也正是孔子礼治所追求实现的社会目标，而高尚的道德则成为实现社会和谐目标的根本途径。

"仁"成为孔子礼治思想中以德教化的出发点和落脚点，是礼治思想的根本所在。换言之，施行礼治就要行"仁"。孔子说："人而不仁，如礼何?"(《论语·八佾》)。失去了仁，礼就是失去了价值。一个人不讲求仁德，他怎么能实行礼呢?仁是礼之本，做到仁，礼才能实现。一方面，统治者首先必须做到"仁爱"，以宽厚博大的胸怀爱护民众，减轻对人民的压迫和剥削，削减苛捐杂税，使人民得到"宽、惠"。统治者只有讲"仁"才能实现德的教化。孔子认为"君子之德风，小人之德草，草上之风必偃"(《论语·颜渊》)。意思是统治者的作风好比风，老百姓的作风好比草，风往哪边吹，草就往哪边倒。只要统治者以德行事，老百姓自然就会好起来，甚至"四方之民襁负其子而至矣"(《论语·子路》)，也就是说四面八方的老百姓就会背着自己的小孩来投奔。孔子认为老百姓有过失，是由于居上位的人对他们没有施行教化，或教化不彻底的缘故，他把"不教而杀"斥之为"虐"，也就

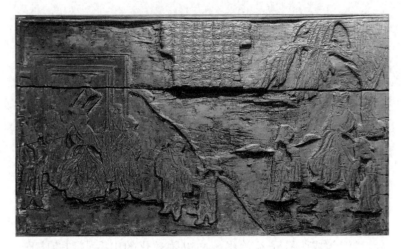

明代《孔子圣迹图·赦父子讼》雕版（孔子博物馆藏）

是说，不讲仁而直接实施刑罚，那就是虐政。这从反面说明
了孔子非常重视讲仁的礼治。礼治除了表现在统治者讲"仁"
之外，另一方面也体现在百姓要以"仁"的标准严格要求自己。
孔子突破"礼不下庶人"的旧传统，主张"有教无类"，以
期"齐之以礼"，扩大教化对象，要百姓行"仁"。冯友兰先
生曾指出："孔子讲仁是对人的反思，这种反思是人类精神的
自觉。"[①] 孔子从对人身自身的反思和自觉中总结出"仁"，呈
现了孔子对其所处时代的道德理性的高度概括，确立了"仁"
的道德本体的地位，在实践上高扬了人的主体意识和主体性。
因此，在孔子看来，治国理政根本在"仁"，"仁"是德政的

---

① 冯友兰：《孔子论完全的人格》，载中华孔子研究所编：《孔子研究论文
集》，教育科学出版社 1987 年版，第 19 页。

表现，统治者推行德政，就是在实施礼治。

3. 治之以礼

　　周朝末年"礼崩乐坏"的情况下，孔子主张继承周礼，就是要发挥礼的治世作用。孔子说："能以礼让为国乎？何有？不能以礼让为国，如礼何？"（《论语·里仁》）这句话的意思是：能够用礼让原则来治理国家吗？这有什么困难呢？如果不能用礼让原则来治理国家，又怎样来对待礼制呢？孔子认为，以礼治国，没有什么困难，最容易实行。不以礼治国，礼还能有什么用处呢。言外之意，礼就是用来治国的，而且最恰当不过。这直接说明礼是治理国家、调和社会的良方。

　　礼的治理作用是通过提供行为规范来实现的，而这种规范不仅要约束人的外部行为，而且更要规范人的内部思想。换言之，礼是从内而外施加于人的一种约束，其实在孔子看来更注重礼对人的内部思想的规范。因此，孔子说："道之以政，齐之以刑，民免而无耻。道之以德，齐之以礼，有耻且格。"（《论语·为政》）孔子认为，用刑罚去约束百姓的行为，只能暂时让他们免于犯罪，却不能使民众真正从内心认识到违法行为的错误性和可耻性，若是用道德教化和礼仪制度去引导他们，老百姓才能真正从内心归服。这一语道出了孔子主张对人的内心加以教化才是治理国家、管理民众的根本所在。这就是所谓的"思无邪"。

礼通过提供行为规范用来管理维护社会秩序。一方面，礼是个人的行为规范。孔子说："非礼勿视，非礼勿听，非礼勿言，非礼勿动。"（《论语·颜渊》）意思是说，违反礼的事不看，违反礼的事不听，违反礼的事不说，违反礼的事不做。这句话符合孔子"克己复礼"的主张，体现了"礼"约束人们日常行为的基本准则。遵守了礼的准则，就能管束自己，人才能立足于世。孔子认为不知礼无以立，即所谓"兴于诗，立于礼，成于乐。"（《论语·泰伯》）其中"立于礼"是个人立身之道，"礼"能使人行为规范，树立人格，卓然自立于社会群体之间，强调把礼作为立身的根基。每个人以礼立身成人，约之以礼具备基本修养，那么社会秩序就有了根基。

另一方面，礼也是君主的行为规范。君主有礼，按规范行事，以礼节制诸事，就会起到上行下效的作用，正所谓"上好礼，则民莫敢不敬"（《论语·子路》）。这就是说国君讲究礼仪，老百姓没有敢不恭敬的。说明了作为国君以身作则的重要性，国君要注重加强自身修养，这样才能在百姓中树立权威，才能够赢得老百姓的尊重和信任，进而治理好国家。

最后，礼的规范还是为政的根基。季康子曾向孔子问政，即如何治理政务。孔子回答说"政者，正也。子帅以正，孰敢不正？"（《论语·颜渊》）意思是说，政治的本质就是端正。您带头端正作派，谁敢不端正呢？此句说明了上位者必须先端正自身的行为、态度，引导和影响他人，从而实现社会的和谐发展。而做到这些又离不开"礼"的规范。为此，孔子主张任用有德之人为官，有德之人又一定是学习礼和乐的，即"先进于礼乐"（《论语·先进》）。可见，礼是为官之人有德的保障，换言之，不知礼不足以为官。因此，孔子认为："为政以德，譬如北辰，居其所而众星共之。"（《论语·为政》）当政者以德行来治理国家，就像北极星一样，安居其所，其他的星辰并然有序地环绕着它。他认为统治者的个人行为和治国的大小举措都应当合乎道德，此句以北极星的隐喻，告诉统治者不要自作聪明，抛弃礼制，胡作非为。

总之，治理国家，无非是"安上"与"治民"。孔子曰："安上治民，莫善于礼。"就是说安定国家，治理百姓，没有比用礼更好的办法。这进一步强调了"礼"的重要性。从国家为政者到庶民百姓，从日常生活到国家治理，只有执礼，才能做到不断提升自己，修养自身，齐整家族，治理国家，太平天下，这就达到了"安上治民"的效果。

（二）"慎刑""无讼"的法治思想

在孔子所处的年代，为了满足自身利益，统治者并非纯粹地利用德行、礼乐教化手段来治世，刑罚的强制和威慑手段已成为不可避免的统治手段和无法忽视的现象。孔子曾经担任鲁国的司寇，作为主管司法、刑狱的官员，他也不回避用刑罚手段惩治犯罪。但是孔子所追求的却是"制五刑而不用，所以为至治也"（《孔子家语·五刑解》）的治世理想状态。这一语

《孔子为鲁司寇图轴》（孔子博物馆藏）

道出了孔子以法治世的主张，也就是制定五刑而不用，是为了做到最好的治理。孔子认为"圣人之设防，贵其不犯也。"（《孔子家语·五刑解》）意思是圣人虽然也设置防范之法，但着重在于让人不犯法。这里的"设防"，实际上是指制定的刑罚等法一类的规则来设定预防，重要的是教育人民不要触犯这些规定。总起来看，这集中体现出孔子治世"慎刑""无讼"的法治思想。

1. 慎刑

在孔子的治世思想中，法也是用来管理维护社会秩序的一种手段。如何发挥"法"的治世作用，孔子在对西周传统刑罚思想的吸收与继承基础上，又对其做了重大发展，并且形成了有别于传统刑罚思想的"慎刑"观。

慎刑，也叫慎刑罚，或者慎刑辟。一般认为，慎刑思想萌芽于虞舜时期。《尚书·大禹谟》曰："罪疑惟轻，功疑惟重。

与其杀不辜，宁失不经。"即疑罪应予从宽处理，而论功行赏有疑问的，则从重办理；宁可不按常法行事，也不可错杀无辜。这也是慎刑思想的渊源。西周建立后，统治者在总结桀纣覆灭历史教训基础上，提出彰明德教，慎用刑罚，即"明德慎罚"（《尚书·康诰》）思想，强调只有对不听德教而触犯刑律者慎重地适用刑罚。到了周公旦辅佐周成王时期，他曾指出周文王是主张"明德慎罚"的，甚至殷商从商汤到帝乙这些君主，也都是主张"明德慎罚"（《尚书·多方》）。他进一步提出了"明德慎罚""敬明乃罚"（《周书·康诰》）的新刑罚思想。现在看来，"慎刑"的基本意涵就是要求立法机关在制定法律、司法机关适用法律时皆需审慎。周公这一"慎罚""敬罚"的新刑罚思想中，显然包含了对民众的普遍性人文关怀。

孔子时代，为政者依然存在"道政齐刑"的政见。据《论语·颜渊》记载，鲁国的执政季康子就曾问过孔子"如杀无道，

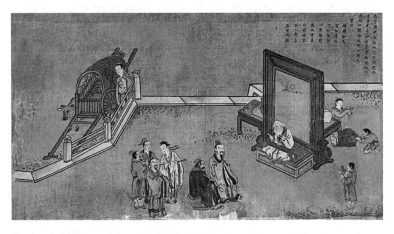

明版彩绘《孔子圣迹图·问礼老聃》（孔子博物馆藏）

以就有道，何如？"的问题。也就是说，在季康子看来，主张用刑杀来禁人为非。针对"道政齐刑"的政见，孔子回答他说："子为政，焉用杀。"(《论语·颜渊》)显然，孔子不同意他的政见。孔子认为这样做只能使人民暂时地免于犯罪，还会引起更大的骚乱。这就是孔子所谓的"道之以政，齐之以刑，民免而无耻。"(《论语·颜渊》)可见，孔子是反对治理仅凭滥杀、滥刑手段的，而是主张慎刑戒杀，矜老恤刑。在孔子的"慎刑"观里，相对于君主的施政治民而言，刑罚只是其必要的不得已而用之的辅助性措施，其主要作用是"刑以防其奸"(《礼记·乐记》)。这从对刑罚的认识上是对周公刑罚思想的发展与超越，也是孔子"慎刑"观在对待刑罚态度上的表现。

在具体实施刑罚方面，孔子的"慎刑"观主要表现在两个方面，一是反对滥刑。孔子主张作为社会生活最高组织者与主导者的君主，自然不可逞一己之私而随意滥用刑罚，当然就更不可搞严刑酷法。即使是不得已而具体实施刑罚之际，为政者不仅理当始终坚持"敬罚""慎罚"，常怀"好生而恶杀"之心，而且还必须具有自我反省之心。在上述季康子问政孔子的故事中，孔子认为"子欲善而民善矣。君子之德风，小人之德草。草上之风，必偃。"(《论语·颜渊》)实施刑罚反躬自省，就不会出现滥刑。孔子曰："狱犴不治，不可刑也。何者？"(《孔子家语·始诛》)狱讼之事管理不善，不能轻易动用刑罚。为什么呢？在孔子看来是"上教之不行"，而"罪不在民故也。"(《孔子家语·始诛》)指出在上位的人推行教化不力，罪责不在老百姓的缘故。"夫慢令谨诛，贼也。"（《孔子家语·始诛》）法令松弛，却处罚严厉，这是在残害百姓。因此，在孔子看来，不能有效地教育民众，反而对其实施刑罚，这是不合理的。

另一方面的表现是"刑罚中"。孔子主张刑罚适中，反对暴政苛刑。"刑罚中"的意思就是将中庸之道融入刑罚理念，强调刑罚的具体实施，不可只是君主个人意愿的表达，而必须恰如其分，合乎道义。这也是对周公"义（宜）刑义杀"（《周书·康诰》）刑罚主张的继承和发展。孔子认为："刑罚不中，则民无所措手足。"（《论语·子路》）刑罚不得当，百姓就不知怎么办才好。孔子已经意识到了刑罚对于治理社会的重要性：只有刑罚得当，百姓方能知道如何行止，民众的行为方能有所依凭。

相反，孔子认为："道之以德，齐之以礼，有耻且格。"一反一正可以看出，孔子是主张慎用刑罚，用德礼教化百姓，使百姓"有耻且格"，自觉地避免犯罪。这鲜明体现了孔子对刑罚的态度，即"慎刑"观。在孔子看来，国家治理中刑罚不可缺失，也不可不用，但不可滥用。对刑罚的使用要做到恰如其分，即"中"。刑罚只能是国家治理中的一种必要的辅助性手段，其重要性在于"防"，即"刑以防其奸"（《礼记·乐记》）。这是孔子对周公刑罚思想的发展与超越。

2. 无讼

与"慎刑"观相关联的是"无讼"观，这是孔子依法治世的又一思想。在孔子生活的时代，诉讼这种社会现象已经出现。那么孔子是如何看待诉讼这类社会现象的呢？孔子将诉讼看作社会健康与否的一个标志，过多的诉讼只能说明社会不太和谐。为此，孔子提出了"无讼"主张。《论语》记载了孔子在担任鲁国大司寇时所说的一句话："听讼，吾犹人也。必也使无讼乎！"意思是说，孔子认为自己审理诉讼案件，同别人也是一样的。重要的是必须使诉讼的案件根本不发生！显然，孔子表达了一种对无讼社会，也即和谐社会的追求，反映出孔子对诉讼的态度和政治理想。

那么如何实现"无讼"的理想目标呢？孔子一方面认为听讼者一定要能明辨是非，客观公正地处理案件。听讼者要有一种谨慎的态度来对待诉讼案件，因案制宜，辨明是非曲直，让当事人内心诚服，从根源上解决纠纷，使当事人不再提起诉讼，那么诉讼自然就消除了。孔子说："片言可以折狱者，其由也与？"（《论语·颜渊》）子路作为孔子的弟子，其为人非常率真实诚，原告和被告单方都不会欺瞒于他。因此，孔子认为只有他能够根据单方语言就可以判决案件。这段话虽然重点在于体现子路的诚实，却也反映了听讼者所持断案目的和程序公正性的重要性。孔子"吾犹人也"（《论语·颜渊》）的自表，也正说明了孔子自己在判案时也不外乎如此而已，即要采取谨慎的态度来处理讼案。

实现"无讼"的另一方面则是以德息讼，这也就是在强调礼是解决诉讼纷争的途径。孔子的这一主张是通过"道之以德，齐之以礼"的方式来实现的。因此，在孔子看来，德或礼才是实现无讼的根本途径。《礼记·曲礼上》记载："教训正俗，非礼不备；纷争诉讼，非礼不决。"意思是说，教化训导扶正民俗，失去礼制就不会完备；分歧争议以及诉讼活动，少了礼制就不会分清。这表明，礼作为一种积极规范，已经对包括诉讼在内的社会生活的各个方面都起着实际的调整作用。上述所谓礼的规范都是在人的社会生活中逐步地自然形成的，是人所自愿共同遵守的，不带有外在的强制性，即所谓"夫礼，必本于天，殽于地，列于鬼神，达于丧祭射御、冠昏朝聘。"（《礼记·礼运》）说明了礼一定是源出于天，效法于地，参验于神灵，贯彻于葬礼、祭礼、射礼、乡饮酒礼、冠礼、婚礼、觐礼、聘礼之中。也就是说，礼是依据天（自然）理而形成的，它存在于古代也将永驻于未来。它表现在人们生活的方方面面，表现于人们的一举一动之中。正是在这一意义上，孔子认为有礼并守礼，才是解决人际间纠纷的根本所在。只有这样，人民相互间的感情才能深厚，老百姓才会相互亲爱，不会有相互伤害的意念发生，一切行为都能考虑怎样做才能符合礼义，社会氛围本身才能达到和睦的境地，那些奸邪之心就自然消弭了，再也不需要用刑罚来强制百姓了，社会便会进入无讼的状态。

孔子希望治世者倡导仁礼教化，即使主张以法治世，也是在主张追求"慎刑""无讼"的法治观。孔子的理想是实现慎刑和无讼的和谐社会，但是在孔子的治世实践中，刑罚、诉讼等法律手段依然是其不得已而为之的举措。

知识链接 ┈┈┈┈┈┈┈┈┈┈┈┈┈┈┈┈┈┈┈┈┈┈┈┈┈┈┈┈┈┈┈

父子讼

孔子为鲁国的大司寇，掌管刑狱，当时有一件父子相讼的案件。孔子将那对父子一同关进监狱，过了三个月，既不审理，也不判决。后来，做父亲的请求不要审判，孔子便将他俩都放了。

季桓子听说此事后很不高兴，说："这个大司寇欺骗了我，过去他告诉我说：要治理好国家，一定要把孝道摆在第一位。如今，我们杀一个不孝的儿子来教育老百姓都要对父母尽孝，这样不是很好吗？却又把他释放了，这是为什么？"

冉求把这些话告诉了孔子，孔子认为，为上者丧失治民之道而要杀掉老百姓，这是不合理的。不去教化人民讲究孝道，却要判处不孝，任其狱讼，这是杀害无辜的人。为什么？上面的教化没有推行，罪责不在百姓。法令松弛而刑罚严酷，就是凶狠；随时征赋收税，就是残暴；没有经过试验、教育而责令他作出成效，就是虐害。主宰政治如果没有这三方面问题，而后便可按法令去加以刑罚。

在孔子看来，之所以有诉讼案件发生，是因为民风还没有归于淳厚，而民风没有归于淳厚，又是因为教化没有大行于世。因此，明察善断固然必要，但通过教化减少诉讼才是使社会达到和谐的最重要途径。

（三）盛于礼而薄于刑

孔子的治世思想，既有礼治也有法治，礼和法是不可或缺的两种治世手段。但是在孔子看来，礼和法在治国理政中的作用则不同。《孔丛子·刑论》中记载了一则孔子到卫国后，与卫将军文子谈论礼与刑的故事，孔子以驾车来比喻治国，形象地阐明了治国中如何看待和使用礼与刑。在这则故事中，孔子讲道："齐之以礼，则民耻矣；刑以止刑，则民惧矣。""以礼齐民，譬之于御则辔也。以刑齐民，譬之于御则鞭也。执辔于此而动于彼，御之良也。无辔而用策，则马失道矣。""吾闻古之善御者，执辔如组，两骖如舞，非策之助也。是以先王盛于礼而薄于刑，故民从命。今也废礼而尚刑，故民弥暴。"这段话的意思是说：用礼教来统一他们的言行，那么百姓就会感到羞耻。用刑罚遏制犯罪，达到不用刑罚的目的，那么百姓就会惧怕。用礼教来统一百姓的言行就好像骑马时用上缰绳。用刑罚来整治百姓就好像骑马时用鞭子。手执缰绳控制马的前进，这是善于驾马。没有缰绳而用鞭子，那么马就会迷失道路。古代善于驾马的人拿着缰绳就像拿着丝带一样，车辕两边的马就像在舞蹈，不是靠鞭子的帮助。所以，先王重视礼教而很少用刑罚，所以百姓服从命令。现在废掉礼教而崇尚刑罚，所以百姓更加暴乱。孔子所讲的三句话表达了礼和刑对于治国所起的作用，更为重要的是突出了礼的重要性，即"盛于礼而薄于刑"，也就是重视礼教少用刑罚。这就鲜明体现了孔子治世思想中"礼"与"刑"或者说"法"的关系。

1. 盛礼

孔子以驾车比喻治国，形象地表达出礼的重要性，强调了要重视礼的治理作用。在孔子看来，治国就像驾车，善于治理国家的人不是用严厉的刑或法来达到治理的效果，而是主要靠礼的规范引导。礼是处于主要地位，而刑或法则是处于次要或者是辅助地位。要达到有效治理，根本还在于对"礼"的重视。这就是孔子所说的"道之以政，齐之以刑，民免而无耻；道之以德，齐之以礼，有耻且格。"(《论语·颜渊》)也就是说，刑罚只是起到暂时避免老百姓犯罪作用，而用礼才能从根本上实现老百姓自我约束的目的。这就表达出孔子明确重视礼的观点。孔子在礼、法关系中对礼的重视主要体现在以下方面：

一是"礼"为法之准绳。如何判断是否违法呢？孔子认为礼是判断的标准。孔子说："非礼勿视，非礼勿听，非礼勿言，非礼勿动。"(《论语·颜渊》)这就明确了礼这一判断的标准，反之，如果违反了礼，那就是违法了，即"非礼无法"。因此，从修身、齐家到治国、平天下都要以"礼"为准绳，礼成为贯彻于国家政治和家庭生活的一种规范和准则。从法的角度来看，礼作为准绳一方面体现在立法要以礼为指导，以礼为准绳，合礼即合法，非礼便是非法，违礼便是违法。

另一方面则是在司法中，认定一切"非礼"的行为就是"违法"，必然要承担相应的法律责任，也就是"出礼入刑"。由此可见，在孔子看来，礼是贯穿于法中的灵魂，法依礼而定，法依礼而行。

二是礼为息讼之方式。孔子所述之"礼"，包括社会伦理和道德。在孔子看来，要实现其所憧憬的"大同"社会，不是靠刑罚来止讼，相反而是要靠礼。只要人人有礼讲德，那么就可以实现没有争讼的和谐社会。实现这一理想，孔子所设想的是通过"道之以德、齐之以礼"的方式，而不是主张用刑止刑的手段去实现。因为，孔子认为只有"导德齐礼"，人们才懂得礼仪，懂得礼仪人们才会考虑行动时是否符合礼义，这样就能不断促进人际之间加深感情，从而不会互相伤害，没有彼此伤害也就没有争讼，进而实现"必也使无讼乎"（《论语·颜渊》）的理想社会状态。

三是为政以德为本。为政以德为本，这是孔子治世"盛于礼"观点的又一个重要表现。孔子十分明确为政者治理要以德为本，"德""礼"能使百姓"有耻且格"。只有当"德""礼"受损害时，方可用"刑"来"齐"之。可见，德礼为先，刑罚为后。孔子主张要对国家百姓先进行德礼教化，因为德礼教化是用来正风俗、明廉耻的。只要一国百姓风俗正、有廉耻感，就不会引起社会动乱的现象。只有德礼教化没有效果时，才"齐之以刑"。因此孔子反对"不教而杀"，即没有实行任何教化就直接使用刑罚，这在孔子看来就是为政者在实行"虐政"，即"不教而杀谓之虐"(《论语·尧曰》)。这就透露出孔子为政以德为本的思想，也就是治理一个国家应该以道德教化为本，只有当道德教化受到损害，不起作用时，才可以用刑或法来纠正，使百姓能够回到遵守道德的行为上来。

因此，我们有理由认为，孔子治世思想中，礼是处于"本"的地位，没有百姓的伦理道德教化以形成礼的观念是难以治理一国的。

2. 薄刑

孔子在治世思想中对"礼"的重视，并不代表孔子反对以法治国。相反，法是孔子治世的主要手段之一，是其治世思想的重要组成部分。但是，相对于"礼"而言，法则处于次要的地位，是在德礼为本的基础上，以辅助使用。可见，孔子对于法这一治世手段是有明显的"薄于刑"的意识，也就是主张少用刑罚。从礼、法关系角度来看，薄刑主要体现在以下方面：

（1）礼先法后。孔子针对当时春秋时期各国滥用刑，残害人民，以强制手段维持统治阶级地位的情况极为不满。孔子到卫国时，卫国将军文子曾问孔子说："今齐之以刑，刑犹弗胜。何礼之齐？"（《孔丛子·刑论》）意思是说现在靠刑来整治百姓，刑尚且用不尽，为何还要用礼教来统一他们的言行呢？可以看出，当时依刑治国是许多诸侯国所持有的治世思想，在这些诸侯国中，礼反而是被轻视的。但是在孔子看来，不先对老百姓实施伦理道德教化，就直接使用刑来惩治百姓，以刑止暴，这样只能导致老百姓一时的服从，取得暂时性效果，相反会引发更大更多的社会暴乱。孔子所持的先礼后刑的观念在周人的社会治理中已经存在。《尚书·甘誓》中"天之罚""威侮五行，怠弃三正"的誓词，反映了周人"失礼则入刑"的观念。在孔子看来，礼和法（刑）尽管都是行为规范，但二者显然有先后与轻重之别。刑用于规范人的行为，可使人心存戒惧而无法使其心悦诚服；礼虽也用于规范人的行为，但却可使其主动、自觉地遵守法令。所以孔子说："古之刑省，今之刑繁。其为教，古有礼，然后有刑，是以刑省；今无礼以教，而齐之以刑，是以刑繁。"（《孔丛子·刑论》）这句话的意思是：古代的刑较少，现在的刑繁多。在教化百姓方面，古代先用礼规范民众的行为，然后才使用刑来整顿，所以刑少；现在不用礼来教化百姓，而只用刑来整治统一百姓的行为，刑所以繁多。因此，孔子反对"不教而杀"，他认为国家治理首先要通过德礼教化来管理百姓，尽量减少对老百姓使用刑。可以看出孔子更强调用礼"禁于将然之前"（《汉书·贾谊传》），而不是强调用法"禁于已然之后"（《汉书·贾谊传》）。孔子曰："圣人之治化也，必刑政相参焉。太上以德教民，而以礼齐之，其次以政焉。导民以刑，禁之刑，不刑也。化之弗变，导之弗从，伤义以败俗，于是乎用刑矣。"（《孔子家语·刑政》）这段话的意思是，圣人治理教化民众，必须是刑和政令相互配合使用。最好的办法是用道德来教化民众，并用礼来统一思想，其次是用政令。用刑来教导民众，用刑来禁止他们，目的是不用刑。对经过教化还不改变，经过教导又不听从，损害义理又败坏风俗的人，只好用刑来惩处。孔子先礼后刑的治世原则被王充解释为"出于礼，入于刑，礼之所去，刑之所取。"（《论衡·谢短》）由此可见，在礼和刑的关系上，孔子主张礼和刑相为表里，但是要先礼后刑，失礼则入刑。这里的"刑"实谓"法"。因此，礼先法后的主张鲜明地体现了孔子的"薄刑"观。

（2）德本法用。孔子认为，礼、法作为两种治国手段，本在于德，法只是贯彻德的一种工具，或者说是一种方式，也就是说是德在治理领域的使用。孔子有一段名言，"道之以政，齐之以刑，民免而无耻；道之以德，齐之以礼，有耻且格。"（《论语·颜渊》）这段话讲出了治理老百姓的根本在于德的教化，只有这样老百姓才会从内心感到廉耻，进而自我约束自己的行动。而法则是一种外在的惩治手段，让老百姓感到恐惧进而避免错误的行动，但是法不会让老百姓感到任何的廉耻感。因此，法只能够暂时性发挥效应，是一时之用。因此，在此意义上，孔子对法是持有轻视意识的。另外，孔子认为法的使用要以德礼为纲，不合德礼则为非法，要用刑罚加以制止。在此意义上，法的"用"或者说对法的强调，其实质仍是在强调德礼这个"本"。这在很大程度上显现了孔子重礼轻法的意识。

（3）德主刑辅。德主刑辅思想是汉代董仲舒提出的治世主张。强调了德与刑二者的地位不是均等的，而是存在主辅关系。这里所说的德，实际上就是礼；所说的刑，实际上就是法。这一主张实际上是对孔子礼法主张的理论化阐释。在孔子的治世思想中，礼法并存，有重有轻，礼为重，法为轻，重者为主，轻者为辅。孔子从"礼"与"仁"相结合的思想出发，极力提倡"德治"，他说"为政以德，譬如北辰，居其所而众星拱之"（《论语·为政》），认为统治者如果能"为政以德"，实行"德治"，人民就会心悦诚服地接受统治。孔子主张进行"德化"和"礼教"才能使人民从内心对犯罪感到可耻而安分守己。尽管孔子也主张"宽猛相济"，"德"与"刑"可以交替使用，但相比而言，孔子特别强调的是"德"而非"刑"，他认为"德化""礼教"是根本。孔子曰"礼乐不兴，则刑罚不中"（《论语·子路》），即刑罚必须以礼乐为依据，否则就不会得当。孔子坚定地认为，刑罚只能惩办于犯罪之后，而"德化"与"礼教"却能防患于未然，即"礼之教化也微，其止邪也于未形，使人日徙善远恶而不自知"（《礼记·经解》）。孔子总是强调"德行教化"，主张以德为主，以刑为辅。这种主辅关系显现出孔子所持有的薄刑观。

在治国方略的选择上，孔子虽然极力推崇礼治、德治，但在他的思想中实际上已经蕴含着"礼法合治"的萌芽。孔子曰："道之以政，齐之以刑，民免而无耻；道之以德，齐之以礼，有耻且格。"（《论语·颜渊》）由此可知，在孔子的思想认识中，作为治国的工具，除了礼之外，还有刑。这里所谓的刑，实际上就是法。但以孔子为代表的儒家所倡导的"礼法合治"思想

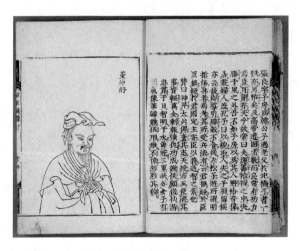

| 董仲舒画像（选自《历代君臣图像》）

并不适应春秋战国时期"礼崩乐坏"的形势，因而难以得到当时君王的青睐。直至经历了汉初黄老之学短暂的统治之后，汉武帝最终确立了"罢黜百家，独尊儒术"的治国方略，儒学才一举成为两千多年古代的主流思想。伴随于此，孔子的礼法合治思想也在历代大儒的阐述中被统治者所接纳，并贯彻到治国实践之中。

四、孟子的礼法思想——徒善不足以为政，徒法不能以自行

战国时期，群雄并起，各国征战，相互争霸。这一时期，礼崩乐坏，以"力政"为指导的霸道思想逐渐代替了以"仁德"为指导的王道思想，传统礼制在儒家的理论阐释和主张中艰难地存续着。孟子就生活在这样的时代。作为儒家的代表人物，孟子在继承孔子礼法思想基础上，对其又做了新的阐述，进一步发展了孔子的礼法思想。

《孟子·离娄上》记载了孟子的一段话："离娄之明，公输子之巧，不以规矩，不能成方圆；师旷之聪，不以六律，不能正五音；尧、舜之道，不以仁政，不能平治天下。今有仁心仁闻，而民不被其泽，不可法于后世者，不行先王之道也。"在这段话中，孟子通过举例，形象地指出了平治天下、治理国家既要讲规矩，也要靠仁政。这就是孟子所总结指出的"徒善不足以为政，徒法不能以自行"（《孟子·离娄上》）

的社会治理方法。意思是说，处理国家的政务只有善德是不行的，同时只靠法令也是不行的。也就是说，治理国家必须要把行善政与行法令结合起来。这种礼法并用、礼法合治的观点实际上代表了孟子治国理政的礼法思想。

（一）孟子的礼治观

进入战国时期，传自西周的传统礼制已土崩瓦解，就连那种靠礼的外在形式就可以维护等级秩序和统治地位的作用也不复存在。但是在战国时期的特殊时代里，在儒家人文精神的观照下，礼的内在实质和意义却被发现并得到重视，孟子便是这一方面的代表。孔子将仁视为礼的根本，孟子则继承了孔子的这一思想，将其进一步发展为"仁政"之说，即以性善论作为根据，在政治上主张以不忍人之心行不忍人之政，即实行"仁政"，认为依此而行可治天下。实行"仁政"集中反映了孟子治国理政所主张的礼治观。

1. 不忍人之政

孟子曰："人皆有不忍人之心。先王有不忍人之心，斯有不忍人之政矣。以不忍人之心，行不忍人之政，治天下可运之掌上。"（《孟子·公孙丑上》）这句话的意思是，每个人都有怜悯体恤别人的心情。古代圣王由于有怜悯体恤别人的心情，所以才有怜悯体恤百姓的政治。用怜悯体恤别人的心情，施行怜悯体恤百姓的政治，治理天下就可以像在手掌心里面运转东西一样容易了。在这里孟子提出了治理国家的方法，那就是统治者要推行"不忍人之政"。在孟子看来，"不忍人之政"是一种体恤百姓的政治，换言之即是"仁政"。而仁政是以德服人，其实质则是"礼治"。因此，统治者只有实行了仁政，才能"经国家、定社稷、序民人、利后嗣"(《左传·隐公十一年》)。"不忍人之政"的礼治观主要体现在以下方面：

(1) 得民心者得天下。在孟子生活的战国中期，天下统一的趋势已日益明显，各大国君主不以在本国称"王"为满足，进而要在"天下"称"王"。当时有主张"以力服人"而"王天下"的霸道，而孟子则认为"仁者无敌"，"行仁政而王，莫之能御也。"(《孟子·公孙丑上》)主张"以德服人"而"王天下"的王道。因为孟子认为只有仁政才能够"得人心"。孟子说："以力服人者，非心服也，力不赡也；以德服人者，中心悦而诚服也。"(《孟子·公孙丑上》)他指出，以德服人的社会管理方法，体现的是以仁政为核心的尧舜之道。"规矩，方圆之至也；圣人，人伦之至也。欲为君，尽君道；欲为臣，尽臣道，二者皆法尧舜而已矣。不以舜之所以事尧事君，不敬其君者也；不以尧之所以治民治民，贼其民者也。"(《孟子·离娄上》)管理者在管理社会过程中，必须实行以仁政为核心的尧舜之道，让人们能够各得其所，各尽其能，贤者在位，能者在职，保证社会组织结构的有序运行，完成自身的社会职能，实现社会的和谐发展。据《孟子·离娄上》记载："桀纣之失天下也，失其民也；失其民者，失其心也。得天下有道：得其民斯得天下矣；得其民有道：得其心斯得民矣；得其心有道：所欲与之聚之，所恶勿施尔也。"他认识到民心向背是统治者政治上成功与否的决定性因素，认为君王要想获得政治上的成功，必然采取符合社会发展规律，能够赢得民心的治国之道。

在孟子看来，赢得民心的治国之道即是施行保民爱民的仁政，而这又建立在对民众尊重的基础之上。为此，孟子认为"民为贵，社稷次之，君为轻。"(《孟子·尽心下》)一语道出了人民比君主更重要的仁政思想。孟子

| 孟子画像

认识到只有解决好人民问题才能巩固江山社稷，实现平治天下的目的。孟子也提出了实施仁政的五项基本政策，他说："尊贤使能，俊杰在位，则天下之士皆悦而愿立于其朝矣。市廛而不征，法而不廛，则天下之商皆悦而愿藏于其市矣。关讥而不征，则天下之旅皆悦而愿出于其路矣。耕者助而不税，则天下之农皆悦而愿耕于其野矣。廛无夫里之布，则天下之民皆悦而愿为之氓矣。信能行此五者，则邻国之民仰之若父母矣。率其子弟，攻其父母，自生民以来未有能济者也。如此，则无敌于天下。无敌于天下者，天吏也。然而不王者，未之有也。"(《孟子·公孙丑上》)这一段话的大意是：尊重贤才，重用能人；开放市场，不征重税，政府为客商提供仓库，收购滞销商品，鼓励贸易；为旅游和交通提供方便，在关卡对行人只加以检查而不征税；实行井田制，农民在完成公田的劳务以后就不需交税；对居民不摊派各种徭役费和住宅税。以上集中讲述了实施

仁政的五项政策，其主要目的是发展经济，减轻人民负担，藏富于民，让百姓过上好日子。这体现了统治者要本着对人民尊重的民本精神去采取有利于人民的治国方略。由此可见，孟子讲仁政，并不只是空谈仁义道德，而且也为解决社会经济方面的实际问题提出了切实可行的方针政策。这在今天看来也体现了以人为本的精神，符合某些现代经济理念。因此孟子认为"王如施仁政于民"（《孟子·梁惠王上》），士农工商就能各得其所，民众就能够安居乐业，社会的和谐秩序就能形成，平治天下的目的就能实现。

（2）重视德礼教化。孟子特别强调社会管理必须重视德礼教化，主张以人伦道德规范来教化民众。他说："设为庠序学校以教之。庠者，养也；校者，教也；序者，射也。夏曰校，殷曰序，周曰庠；学则三代共之，皆所以明人伦也。人伦明于上，小民亲于下。有王者起，必来取法，是为王者师也。"（《孟子·滕文公上》）这就是说，通过培养教导，整个社会人们之间能够持守道德，自觉以道德来规范自身的行为，这是实现社会和谐的重要保证。重视道德教化，管理者既要利用各种特定的教育形式对人们进行道德教育，还要利用和创造特定的社会文化氛围潜移默化地对人们进行道德熏陶。所以孟子说："天之生此民也，使先知觉后知，使先觉觉后觉也。"（《孟子·万章上》）教化民众是管理者的重要职责，良善的教化在社会和谐的实现中具有比良善的政治还重要的作用。由此，孟子提出了"善教"优于"善政"的观点。他说："仁言，不如仁声之入人深也。善政，不如善教之得民也。善政，民畏之；善教，民爱之。善政得民财，善教得民心。"（《孟子·尽心上》）良善的政治是通过实施道德与法律来规范约束人们的社会行为，人们只是被动地服从；而良善的教化则是通过实施道德教化来端正人们行为，并提升民众内在自觉的道德向善意识，进而获得民心。因此，道德教化的实施，是成就人的道德善性、规范人的社会行为、实现社会和谐有序运行的重要管理方法。

（3）无礼义，则上下乱。孟子告齐宣王曰："君之视臣如手足，则臣视君如腹心；君之视臣如犬马，则臣视君如国人，君之视臣如土芥，则臣视君如寇仇。"（《孟子·离娄下》）这就是说国君具有"德行"能够很好地对待臣民，臣民也能更好地侍奉君主。"上无礼，下无学，贼民兴，丧无日矣。"（《孟子·离娄上》）意思是说，如果上位者没有礼义，下位者没有受到教育，那么，违法乱纪的人就会兴风作浪，国家的灭亡也就不远了。可以看出，孟子认为在维护社会稳定作用方面，礼义是首要的。为此，孟子主张统治者，尤其是国君首先要行礼。他指出"谏行言听，膏泽下于民；有故而去，则君使人导之出疆，又先于其所往；去三年不反，然后收其田里。此之谓三有礼焉。如此，则为之服矣。"（《孟子·离娄上》）这就是说君主要想让臣民尊"礼"制，实行"礼"制首先要自身具备"德行"，要熟悉"礼制"，更要求君主要实行"礼"，下面才会效仿，最后形成一个规范的制度化的"礼"，才能更好地维护君主的统治。君臣在社会管理中各有其分工职责，只有彼此做到相互配合，和谐一致，才能保证社会管理活动的有序运行，保证管理目标的成功实现。

孟子的"仁政"学说进一步突出了仁义的地位，是对孔子仁学思想的继承和发展，它完全建立在心理的情感原则上。在孟子看来，君主行仁政是由内发，而非靠外铄。也就是说，孟子主张通过内在诉求来行仁义、施仁政，追求"以德服人"的圣王之道。而"礼"就是促使"心性内发""心性外显"来维护整个社会安定，实现圣王之道的"工具"。因此，孟子从社会和谐安定、国家兴亡存续的角度来推行仁政，从根本上讲是其礼治观的鲜明体现。

2. 礼的作用

孟子从推行其"仁政"学说，维护当时统治阶级的统治地位出发，阐述了礼的重要性。

（1）礼在治国理政中发挥导向作用。孟子从性善论出发，认为"仁心"是与生俱来的，是需要由内发出，而圣人和庶民之间的区别就在于"内发"的多少。因此，从治国理政角度来看，处于统治地位的君主就需要更注重心性修养和心性内发，不断提高自身的道德水平，从而实现管理中的导向作用，达到以德服人的管理效果。孟子认为，只有道德高尚的人，才可以成为居于高位的管理者；如果不仁之人居于管理地位，就会把他的罪恶带给民众。即所谓"惟仁者宜在高位。不仁而在高位，是播其恶于众也。"（《孟子·离娄上》）所以，管理者首先要具有高尚的道德，即"君仁莫不仁，君义莫不义，君正莫不正。一正君而国定矣。"（《孟子·离娄上》）孟子曰："上有好者，下必有甚焉者矣。君子之德，风也；小人之德，草也。草上之风，必偃。"（《孟子·滕文公上》）这句话意在说明管理者的高尚道德对于社会风气以及民众的行为具有重要的引导作用，是社会管理能够有效实施的重要前提。为此，管理者要认识到自身在社会管理中的导向作用，做到以德待人、以德服人，否则就不能得到人们的信赖和拥护。

（2）礼仪教化有利于选贤任能。孟子认为礼仪教化在管理组织建构中发挥重要作用，这主要体现在人才选拔上。管理人才的选拔任用，不仅关系到管理组织是否能够顺利建构起来，而且关系着社会管理是否能够有序运行，应当慎重对待，注重坚持礼仪教化原则，任用德才兼备之人。孟子曰："尊贤使能，俊杰在位，则天下之士皆悦而愿立于其朝矣。"（《孟子·公孙丑上》）这句话是说尊重有德行的人，任用有才能的人，在位为官的人优异杰出，那么，天下的士人都会高兴，而乐意在他的朝廷做官了。这体现了孟子的"仁政"构想，任贤使能，重视士人地位和作用，天下有才之人自然诚心归顺。

（3）礼有利于先义后利。孟子认为要引导整个社会以持守礼义作为自身行为的准则，做到先义后利，以义为原则，而不可以追求私利的满足为原则。如果人人以私利的满足为行为的准则，那么国家就会危险了。孟子曰："王何必曰利？亦有仁义而已矣。王曰：'何以利吾国？'大夫曰：'何以利吾家？'士

| 孟子雕像（山东邹城孟子研究院）

庶人曰：'何以利吾身？'上下交征利而国危矣。"（《孟子·梁惠王上》）意思是说，求富贵利达是人人皆有的欲望，人们如果以各自私利的满足作为行为取舍的标准，彼此之间就会产生争斗杀戮，导致整个社会陷入危机。也就是说，国家的存亡、天下的得失，不在于任何外在的制度保障，而在于内发的道德在起作用。而内发的道德则是通过"礼"这一工具得以外显的。在这一意义上，"礼"对于人树立正确义利观就具有不可忽视的重要作用。所以孟子说："为人臣者怀利以事其君，为人子者怀利以事其父，为人弟者怀利以事其兄，是君臣、父子、兄弟终去仁义，怀利以相接，然而不亡者，未之有也。"（《孟子·告子下》）这段话从正反两个方面强调了正确的义利观直接关系到国家的兴衰存亡。然而在孟子看来，树立正确的义利观不在于别的，而在于内发的道德通过"礼"外显而得以实现。

（二）孟子的法治观

孟子从性善论出发，主张通过实施仁政、礼义教化实现治国安邦的圣王之道。但是对于现实社会中实际存在的破坏礼义的人及其行为，孟子也认为对其应施用刑和法的手段。孟子曰："离娄之明、公输子之巧，不以规矩，不能成方圆；师旷之聪，不以六律，不能正五音。"（《孟子·离娄上》）这强调了人的行为要遵循一定的法则。从国家治理的角度来看，孟子指出："上无道揆也，下无法守也，朝不信道，工不信度，君子犯义，小人犯刑，国之所存者幸也。"（《孟子·离娄上》）意思是说上边没有管理的准则，下边就无法按法度履行职守。如果没有法度或者不遵守法度，国家还能生存的话，那也只是由于侥幸罢了。这一语道出了治国安民，没有法制是不行的。从法治的角度看，孟子的法治观则是包含法和刑两种手段的治理，其具体内容体现在以下方面。

1.预防犯罪的思想

孟子主张人的本性是善的，因此犯罪并不是人固有的本性。换言之，犯罪的发生不是由人性内发的，它必然有外在的原因。这在儒家看来，犯罪是由物质基础所引发的。对此，儒家创始人孔子认为产生犯罪和社会动乱的根本原因是经济贫穷。为此，孔子揭示了先富后教的预防犯罪之道。而孟子则进一步指出之所以出现犯罪和犯罪增多的现象，原因在于"民无恒产"。

孟子明确指出，没有固定的产业收入却有固定的道德观念，只有读书人才能做到，即所谓"无恒产而有恒心者，惟士为能。"（《孟子·梁惠王上》）而对于一般老百姓就不同了。孟子说："若民，则无恒产，因无恒心。苟无恒心，放辟邪侈无不为已。及陷于罪，然后从而刑之，是罔民也。"（《孟子·梁惠王上》）孟子认为，至于一般老百姓，如果没有固定的产业收入，也就没有固定的道德观念。一旦没有固定的道德观念，那就会胡作非为，什么事都做得出来。等到他们犯了罪，然后才去加以处罚，这等于是陷害他们。孟子认为老百姓之所以犯罪，与他们没有固定的产业收入密切相关。为此要想预防犯罪，就要"制民之产"，使人民物质生活有保障。

"制民之产"是老百姓修养礼仪的必要的物质基础。但是孟子指出："今也制民之产，仰不足以事父母，俯不足以畜妻子；乐岁终身苦，凶年不免于死亡。此惟救死而恐不赡，奚暇礼仪哉？"（《孟子·梁惠王上》）意思是说，现在各国的国君也制定了老百姓的产业政策，但是上不足以赡养父母，下不足以抚养妻子儿女；好年成尚且艰难困苦，坏年成更是性命难保。到了这个地步，老百姓连保命都恐怕来不及，哪里还有什么工夫来修养礼仪呢？这就是说保证老百姓修养礼仪是"制民之产"的基本标准。为此，孟子曰："是故明君制民之产，必使仰足以事父母，俯足以畜妻子，乐岁终身饱，凶年免于死亡；然后驱而之善，故民之从之也轻。"（《孟子·梁惠王上》）意思就是：所以英明的君主规定老百姓的产业，一定使他们上能赡养父母，下能养活妻子儿女；年成好时能丰衣足食，年成不好也不至于饿死。然后督促他们做好事。所以老百姓跟随国君走就容易了。这段话明确了"制民之产"需要达到的程度。可见，孟子的预防犯罪的法治观是以坚实的物质生活保障为基础的。这体现了孟子朴素的唯物主义观。

2. 省刑慎刑的刑法观

孟子时代礼崩乐坏，各国征战，所以孟子多从仁的方面阐述其法治主张。据《孟子·离娄上》记载："争地以战，杀人盈野；争城以战，杀人盈城。"另据《孟子·公孙丑上》记载："民之憔悴于虐政，未有甚于此时者也。"这两段话都反映了当时社会现实，即攻城略地，杀伐极多，老百姓受暴政的压榨，从来没有这么厉害过。针对当时这种社会现实，孟子以仁义为判断标准，指出"杀一无罪，非仁也"（《孟子·尽心上》），即是说杀一个无罪的人就是不仁。

孟子反对不合仁义的重刑滥杀和虐政暴政，将"省刑慎刑"作为一项重要的法律主张。孟子认为："左右皆曰可杀，勿听；诸大夫皆曰可杀，勿听；国人皆曰可杀，然后察之；见可杀焉，然后杀之。故曰，国人杀之也。如此，然后可以为民父母。"（《孟子·梁惠王下》）这段话表明了杀人必须十分谨慎，要有合理的评判标准，坚决反对专横武断司法。为此，孟子主张

"以生道杀民，虽死不怨杀者。"（《孟子·尽心上》）意思是说以保障人民生活安定为基础而诛戮一些罪民，罪民虽然被杀，也不会怨恨杀他的人。

另外，省刑慎刑的法律主张也体现在孟子明确反对株连这一残酷刑罚上。他曾说："泽梁无禁，罪人不孥。"（《孟子·梁惠王下》）强调对于犯罪的人，刑罚只及于他本人，并不牵连家属。

 知识链接 ⋯⋯⋯⋯⋯⋯⋯⋯⋯⋯⋯⋯⋯⋯⋯⋯⋯⋯⋯⋯⋯⋯⋯⋯⋯⋯⋯⋯

1. 国人皆曰可杀

"国人皆曰可杀"，形容罪大恶极的人，全国人民都说他该杀。

战国时期，一次孟子和齐国国君齐宣王讨论关于考察和选拔使用人才的问题。孟子说："考察某人是否贤能的时候，需要特别慎重。一定不要偏听少数人的意见，而要听取多数人的意见。如果多数人说某人贤能，经过考察，证明他确是贤能，然后才可进用或提升。如果多数人说某人不称职，经过考察，证明他确实不称职，然后才可免职或开除。如果多数人说某人可杀，经过考察，证明他确是可杀，然后杀他，这样，杀他的不是您国君个人，而是全国人民。"

孟子的这段话，见《孟子·梁惠王下》，原文："左右皆曰贤，未可也；诸大夫皆曰贤，未可也；国人皆曰贤，然后察之，见贤焉，然后用之。左右皆曰不可，勿听；诸大夫皆曰不可，

棂星门（山东邹城孟庙）

勿听；国人皆曰不可，然后察之，见不可焉，然后去之。左右
皆曰可杀，勿听；诸大夫皆曰可杀，勿听；国人皆曰可杀，然
后察之，见可杀焉，然后杀之，故曰国人杀之也。"

2.罪人不孥

"孥"是妻子与儿女的统称。罪人不孥是指治罪止于本人，
不累及妻室子女。《孟子·梁惠王下》记载："泽梁无禁，罪人
不孥。"战国时期，有人劝齐宣王毁掉周天子巡狩朝见诸侯的
明堂，宣王征询孟子，孟子认为如果要实行王政就不能毁，因
为周文王当年靠施行王政才统一天下，他罪人不孥，对鳏夫、
寡妇、独夫、孤儿这种无助的人特殊照顾，齐宣王认为言之有
理。这反映了孟子在使用刑罚上的慎刑观。

3.薄税敛的法律主张

战国是中国封建制初建时期，许多国君都采用重税以扩充

个人财富，满足个人贪欲。孟子反对聚敛、重赋，主张轻刑薄税，他提出"易其田畴，薄其税敛，民可使富也。"（《孟子·尽心上》）主张让百姓种好他们的地，减轻他们的赋税，就可以使百姓富足。在该主张下，孟子明确提出了轻徭薄赋的政策，即"十分取一"的赋税标准，也就是"野九一而助，国中十一使自赋"（《孟子·滕文公上》），"野"指郊区，"国中"指城内和近郊区，"助"相当于劳役地租形式，"自赋"即贡法，是实物税。意思是说，在田野上实行九分抽一的助法，在都城中实行十分抽一的税法让人们自行缴纳。

4.法先王的主张

《孟子·离娄上》记载："为政不因先王之道，可谓智乎？"治国理政不依靠前代圣王之道，能称得上明智吗？孟子主张一定法先王之道。在他看来，先王之法是大一统的善法，现实社会中国家的政治法律都应当与"先王之法"相符合。孟子曰："遵先王之法而过者，未之有也。""诸侯有行文王之政者，七年之内，必为政于天下矣。"（《孟子·离娄上》）在孟子看来，依循前代圣王的法度而犯错误的，是从来没有过的。如果诸侯中有践行文王之政的，最多七年，就一定能治理天下了。孟子为什么主张要法先王之道呢？孟子认为先王之道是良法，因为它们顺应了自然之天的天意，换言之，顺应了民心民意，是行仁义之法。"尧荐舜于天，而天受之；暴之于民，而民受之。"（《孟子·万章上》）因此，孟子认为，"行仁政而王，莫之能御也。"（《孟子·公孙丑上》）就是说只要认真施行仁德政治，统一天下，没有谁能够阻挡得了。

总之，由于仁政是孟子思想的核心，所以孟子所论之法，是基于仁政基础上的法，即用法不单靠刑罚，而是必须合乎仁义标准。

（三）孟子的礼与法的关系

孟子虽然强调礼治的重要性，但也认识到法治在维护社会秩序中的作用。他认为，礼和法作为治理国家的两种方法，要达到理想的治理效果，不能仅使用其中的任何一种。必须做到以德为本、德刑并用，也就是只有将礼治与法治相结合，才能更好地实现国家有效治理和长治久安。

1. 礼与法的哲学基础：性善论

孟子的礼治观和法治观都以其人性论为出发点。孟子认为，"人性之善也，犹水之就下也。人无有不善，水无有不下。……人之可使为不善，其性亦由是也。"（《孟子·告子上》）这句话说明人的天性没有不善良的，就好像水没有不向下流淌的一样。孟子借水向下流动的必然性比喻人性善的必然性和自然性。那么人生来具有的"善"是什么呢？在《孟子·告子上》中，孟子指出："恻隐之心，人皆有之；羞恶之心，人皆有之；恭敬之心，人皆有之；是非之心，人皆有之。恻隐之心，仁也；羞恶之心，义也；恭敬之心，礼也；是非之心，智也。仁义礼智，非由外铄我也，我固有之。"这段话的意思是，同情心、羞耻心、恭敬礼让之心及明辨是非之心，人人都有。有同情心，就是仁爱；有羞耻心，就说明有道德感；有恭敬之心，就是懂得礼仪的表现；心里能明辨是非，就是智慧。仁义礼智，是我们生而就有的，不是外界作用的产物。孟子认为，人性之所以善，就在于仁义礼智这四种善的品德是与生俱来的，是人之本性所固有的，不是外力所强加的。在孟子看来，人性善的根基在于人的内心，他认为"万物皆备于我矣。反身而诚，乐莫大焉。强恕而行，求仁莫近焉。"（《孟子·尽心上》）强调只要积极向善，人人都可以有所作为，都可以成为圣贤之人。

基于性善论，"不忍人之心"是人的本心，扩充、推广人的本心是仁政的政治原则和仁义的道德规范。孟子以性善论为前提，把道德仁义推行到国家、社会的治理之中，提出了行不忍人之政的"仁政"思想。孟子认为"以不忍人之心，行不忍人之政，治天下可运之掌上。"（《孟子·公孙丑上》）这就形成了孟子行不忍人之政的礼治思想。孟子曾说："老吾老，以及人之老；幼吾幼，以及人之幼。天下可运于掌。""故推恩足以保四海，不推恩无以保妻子。"（《孟子·梁惠王上》）这段话的意思是说将仁义推广出去，就很容易使天下安定。可见，孟子的礼治思想是根植于人内心的性善，只要去扩充人的性善、培养人的性善、维护人的性善，就可以治国平天下。

孟子仁政的礼治思想是其礼法思想的核心。孟子所主张的法治思想以其仁政学说为基础，处处体现着其仁政学说。一是在预防社会犯罪的主张方面，孟子要求行仁政可以有效预防犯罪，他强调制民之产、薄赋敛，根本还在于讲民本、重民生。二是在刑罚观上，孟子主张倾向于法律和仁义道德相配合，强调以是否违背仁义作为判断罪与非罪的标准。在省刑慎刑方面，也以是否违背仁义作为判断标准，甚至将"省刑罚"直接作为一项重要的仁政措施来看待。三是在法先王、重视良法的主张中，强调仁人与良法并重，要注重君主、管理者的素养，反对不仁之人处于统治地位，因为不仁之人在位不会实行仁政，这样的话，就是有良法也得不到有效执行。综合以上可见，孟子所主张的法治乃是仁政之法，或者可以说，孟子的法治思想是其礼治思想的一个层面。

2.治理作用相互补充

孟子曰："徒善不足以为政，徒法不能以自行"（《孟子·离娄上》），如果仅有仁爱善心而不能落实具体的仁政爱民措施，社会是管理不好的；有了完善的法令制度而不能从仁爱善心出发来进行实施，法令制度也是不会在管理中发挥作用的。孟子针对当时的国家治理情况指出："今有仁心仁闻而民不被其泽，不可法于后世者，不行先王之道也。"（《孟子·离娄上》）强调行仁政之礼与法先王之道的法二者不可或缺。他说："离娄之明、公输子之巧，不以规矩，不能成方圆；师旷之聪，不以六律，不能正五音；尧舜之道，不以仁政，不能平治天下。"（《孟

孟子大殿（山东邹城孟子研究院）

子·离娄上》）这进一步表明社会管理方法的实施，要善人与善法相互结合、统一起来，才能实现社会管理的作用。

3. 德刑并用中更注重以德为本

孟子认识到礼法、德刑相互补充的治理作用，但是在孟子看来，行仁义、施仁政的"以德服人"的圣王之道乃是实现其理想社会的价值追求。在孟子的治理观念里，法和刑固然不可少，但它是在德礼教化失效之后所采用的不得已的方法。可以说就二者关系而言，在孟子那里是德礼为本为先，刑法为辅为后。因此，孟子主张在社会管理中，既要运用政令和法律实施强制性的管理，更要推行德治，注重发挥道德的教化作用，提升人们的道德意识，让人们自觉形成持守道德的主动性和向善心。《孟子·尽心上》中记载:"以佚道使民,虽劳不怨;以生道杀民,虽死不怨杀者。"意思是说,以安逸之道治理百姓,则百姓虽然劳苦而没有怨恨。以生生之道杀百姓,则百姓并不怨恨杀他的人。这里的"佚道""生道"都是指仁道,实际就是仁政礼治。可见,以道治民的礼治更为孟子所重视。

孟子作为战国时期儒家学派的代表人物,他继承并发展了孔子的思想,成为了中国古代思想文化的重要组成部分。在礼法思想方面,孟子依据性善论,主张"仁政",认为礼是人与人相处的规范,是人类社会维系和发展的基础。同时,他也不排斥法和刑,强调法的必要性,认为在国家治理中注重以礼为本,礼和法相互补充,共同维护社会的秩序和平衡。

 知识链接 ···

孺子入井

"孺子入井"的故事出自《孟子·公孙丑上》:"今人乍见孺子将入于井,皆有怵惕恻隐之心。非所以内交于孺子之父母也,非所以要誉于乡党朋友也,非恶其声而然也。"孟子认为,当看到一个还不懂事的,还在牙牙学语的小孩子,正在慢慢地朝着井边爬过去,眼看着他就要爬到井里去了。每一个看到的人,都会产生一种不由自主的"怵惕恻隐"之心,那就是恐惧心、同情心和怜悯心。大家都会想赶快跑过去,把这个小孩从危险的井边拽回来,保证他的安全。孟子指出,人们这样做,不是为了讨好这个孩子的父母,也不是为了在同乡中博得好的名声，更不是因为我们厌恶这个孩子发出的哭声。孟子认为，这种不由自主的"怵惕恻隐"之心，正表明了人性中有一种先天向善的能力。这就是人性本善的道理。

五、荀子的礼法思想——治之经，礼与刑

战国末期，经过各诸侯国的兼并战争，中央集权大一统局面即将形成。在思想领域，总的趋势也是由春秋开始的百家争鸣逐渐趋于融合，以稷下学派为例最能说明问题。荀子就生活在这一时期，他长期在齐襄王的稷下学宫讲学，并三为祭酒，这使他得以在儒家学说的基础上博采百家之所长，糅合儒家礼治与法家法治于一体，在政治与社会价值层面突破礼主法辅的传统礼治模式，从性恶论出发，创立了"隆礼重法"的德法并举治国思想。

荀子说："人之性恶，其善者伪也。"（《荀子·性恶》）意思是说人的本性都是恶的，只不过君子和圣人能够化性起伪，而小人则"从其性、顺其情，安恣孳，以出乎贪利争夺"（《荀子·性恶》），即放纵自己的天性，顺从自己的天情，任意胡作非为，表现出贪利争夺。因此，只有通过礼义约束和

法律制裁，才能使人为善。以古代圣王为例，荀子指出"明礼义以化之，起法正以治之，重刑罚以禁之，使天下皆出于治，合于善也。"（《荀子·性恶》）这句话意思是：对人民施以教化，使其明礼，用礼仪规范对其起到教化的作用。在礼仪教化的同时制定法律，对于违反礼仪教化的人予以制裁。用重刑来禁止人们犯罪。使天下人能够符合治理要求，做守法良民。这表明了古代圣王为了把国家治理好，采用了德法并举的手段。荀子以此说明其礼法并施的主张。为此，《荀子·成相》中曰："治之经，礼与刑，君子以修百姓宁。明德慎罚，国家既治四海平。"指礼义与刑罚是治理国家的两大基本原则，君子以此修养自律和治理国家，百姓就得到安宁。彰扬美德，慎用刑罚，国家就得到治理而四海升平。这说明法治与德治对于治理国家都很重要，体现了荀子礼法并重的治理思想。

（一）荀子的隆礼观

儒家的礼治思想经由孔子的德治思想发展至孟子的仁政学说，都是基于道德的自律。而到战国末期的荀子，基于性恶论，他在强调以德治国时，尤为注重道德的他律，将"礼"作为思想道德他律的外在规范，因此，荀子极力提倡"礼"。《荀子·大略》记载："夫行也者，行礼之谓也。礼也者，贵者敬焉，老者孝焉，长者弟焉，幼者慈焉，贱者惠焉。"指出所谓德行，就是指奉行礼义。所谓礼义，就是对地位高贵的人要尊敬，对年老的人要孝顺，对年长的人要敬从，对年幼的人要慈爱，对卑贱的人要给予恩惠。可以看出，礼贯穿于社会伦常秩序中，具有调节人与人、人与社会关系的作用。在荀子那里，礼被抬到极高的地位，《荀子·礼论》曰："礼者，人道之极也。"可见，荀子将礼看作是为人、治国的最高准则。在荀子看来，只有遵守礼，国家才能长治久安，才能最终结束混乱割据状态，最终实现天下统一。

1. 礼与性恶

荀子对礼的理解有其自身的逻辑，而这一逻辑的起点即是荀子对"性"的认识。荀子所谓的"性"，就是"不可学、不可事而在人者谓之性"（《荀子·性恶》），这是天性，也称作本性。"凡性者，天之就也，不可学，不可事。"（《荀子·性恶》）

在荀子看来，所谓本性，就是天生的东西，不可以通过学习得到，不可以经过努力从事而做成。

荀子在对性认识的基础上，进一步指出"人之性恶"，认为人生而有耳目口腹之欲、贪利争夺之心，所以人的天性是恶的。因为在荀子看来，人如果顺着自己的天性，那么就会导致社会暴乱的恶果。他说："今人之性，生而有好利焉，顺是，故争夺生而辞让亡焉；生而有疾恶焉，顺是，故残贼生而忠信亡焉；生而有耳目之欲，有好声色焉，顺是，故淫乱生而礼义文理亡焉。然则从人之性，顺人之情，必出于争夺，合于犯分乱理而归于暴。"（《荀子·性恶》）这段话大意是说，人有着享乐好利、好嫉、好耳目声色的本性，放纵人欲就必然会导致争夺，最后只能"犯分乱理而归于暴"，也就是最后会造成争夺，出现违反等级名分、破坏礼义的事情而导致社会暴乱。

荀子正是基于对人类本性恶的判断，出于解决由人的恶性引发的纷争，提出了"先王制礼"的说法，以有效预防"犯分乱理"之类现象的发生，界定人类社会行为的"分""理"。荀子认为："古者圣王以人之性恶，以为偏险而不正，悖乱而不治，是以为之起礼义，制法度，以矫饰人之情性而正之，以扰化人之情性而导之也。"（《荀子·性恶》）因为人性是恶的，古代圣王认为人性会偏邪而不正，导致社会暴乱而难以治理，所以为人们建立起礼义、制定了法度。这一语道出了"礼"是依托于圣人为矫饰人之情性而创制的。

在荀子看来，人生不能无欲，而欲望的满足受物质条件的制约，物欲之间的矛盾是人类生存所面临和必须解决的问题。为了不使满足欲望的追求损害人类的根本利益，先王制礼义定分际来"养人之欲，给人之求"（《荀子·理论》），使人不沉湎于无尽的物质欲望中，能知敬让而消弭纷争，如此扩之天下而大治。正是基于以上的

荀子画像

逻辑，荀子明确回答了"礼起于何也"的问题。他说："人生而有欲，欲而不得，则不能无求，求而无度量分界，则不能不争；争则乱，乱则穷。先王恶其乱也，故制礼义以分之，以养人之欲，给人之求，使欲必不穷乎物，物必不屈于欲，两者相持而长，是礼之所起也。"（《荀子·礼论》）这就是说，人生来就有欲望，有欲望而得不到，就不可能不去寻求，寻求而没有限度和界限，就不能不争夺；争夺就产生混乱，混乱就会导致无法收拾的局面。过去的圣王憎恨这样的混乱局面，所以制定礼义以区分等级界限，以调节人们的欲望，满足人们的需求，让人们的欲望一定不会因为物质的不足而得不到满足，物质也一定不会因为欲望之无穷而耗尽，欲望与物质相互制约而长久地保持协调，这就是礼的起源。可见，在荀子看来，人性恶是礼产生的基础，礼是约束人之恶欲的规范，这成为荀子之所以隆礼的根本所在。

2. 礼是治国的根本

首先，从维护社会秩序角度来看，礼发挥社会整合的功能。荀子认为，礼可以定分制界，"明分使群"，止乱致治。按荀子的看法，社会的整合、维系及秩序化，靠社会分工及等级名分制度加以确立。在荀子看来，人不同于动物，人的生存离不开社会，人和动物的区别就在于人能够"群"。而人之所以能群居，是因为人能"分"，即"明分"。所谓"明分"，就是分等级秩序，而礼义法度则是"明分"的依据和规则。也就是说，在社会中，仅仅依赖个体修养无法形成良好的秩序，这就必须有一套规则完成社会整合的任务。而这一规则就是"礼"，这也正是制定礼的目的所在。荀子认为："故先王案为之制礼义以分之，使有贵贱之等，长幼之差，知愚、能不能之分，皆使人载其事而各得其宜。"（《荀子·荣辱》）这就指出先王制定礼义是为了有所"别"。在荀子看来，有所"别"，每个人才能在合适的位置上做适合他们做的事，做到各得其所。这样的话，贫富尊卑都能与其相称，即"贫富轻重皆有称者也"（《荀子·礼论》)，人们各自遵守维持自身的社会等级秩序，安分守己，从而避免纷争，维护有序的社会秩序，保持社会安定。需要注意的是，荀子为代表的儒家所强调发挥别名分功能的"礼"，为不同身份的人们的生活方式和行为符合他们在家族内的身份和社会、政治地位提供了不同的行为规范，从保持社会安定角度来看，实质是维护奴隶主贵族统治。

其次，从国家治理角度来看，礼可以治国安民。荀子认为"国之命在礼"（《荀子·强国》）。以礼治国是取得天下的重要途径，不以礼治国就会丧失天下。《荀子·议兵》曰："礼者，治辨之极也，强国之本也，威行之道也，功名之总也。王公由之，所以得天下也；不由，所以陨社稷也。"就是说，礼，是治理社会的最高准则，是使国家强大的根本措施，是威力得以扩展的有效办法，是功业名声得以成就的要领。天子诸侯遵行了它，所以能取得天下；不遵行它，所以会丢掉国家政权。对于礼所具有的治国安民的作用，荀子反复对其加以强调，在《礼论》中，荀子就指出："天下从之者治，不从者乱；从之者安，不从者危；从之者存，不从者亡。"指出遵循礼与不遵循礼会出现两种截然不同的结果，从正反两方面明确指出礼对于国家治理的不可或缺性。那么"礼"为什么能发挥如此大的作用呢？在荀子看来，礼是最高境界的规范，是最高准则的规范，即"礼岂不至矣哉！立隆以为极，而天下莫之能损益也。"（《荀子·礼论》）以礼为标准，则世间万物虽然变化多端也不会混乱，违背礼就会失去这些，这就是荀子所说的"万变不乱，贰之则丧"（《荀子·礼论》）的道理。

为了说明"以礼正国"的道理。荀子指出："国无礼则不正。礼之所以正国也，譬之犹衡之于轻重也，犹绳墨之于曲直也，犹规矩之于方圆也，既错之而人莫之能诬也。"（《荀子·王霸》）荀子用比喻来加以解释，礼制之所以能用来治国，就好像秤能用来分辨轻重，就好像墨线能用来分辨曲直，就好像圆规、曲尺能用来确定方圆一样，已经把它们设置好了，人们就没有谁再能搞欺骗了。这形象地道出了国家没有礼制就不能治理好的道理，强调了礼的规范性、权威性和强制性。荀子在讲道理的同时，还举出实例说明国之命在礼。他说成汤和武王取得天下，就是因为"一国齐义"的缘故，先王正是因为以德礼才治理好了国家。为此，荀子在《议兵》中提出："隆礼贵义者其国治，简礼贱义者其国乱。"（《荀子·议兵》）意思是：一个国家尊崇重视礼义，就会安定；反之，怠慢轻贱礼义，国家就会混乱。礼对于国家的作用显现无疑。

最后，从个人修养角度来看，礼可以积善成德。儒家自孔子以来，一直强调修身以治国的理论。荀子在继承儒家这一传统的同时，又大力宣扬学习的重要性，使修身之学更趋完善，而礼在其中发挥了巨大的作用。荀子认为人性是恶的，他多次慨叹"人之性恶明矣"（《荀子·性恶》），强调人性恶是明明白白的。荀子非常重视人自身的善德培养，有了善德人才能安分守己，不乱不悖。他说"人无礼义则乱，不知礼义则悖。"（《荀子·性恶》）人没有礼义教化就会悖乱而无治。在荀子看来，"乱"和"悖"内显为人的无善无德，而这都外显为不懂礼、不行礼。那么如何从内培养人的善德呢？荀子认为礼是使人积善成德的重要途径，懂礼行礼才能发挥积善成德的作用。因为荀子认为，人性虽然是恶的，但是可以"化性起伪"，就是说可以通过"师法之化，礼仪之道"（《荀子·性恶》）的学习去改变、矫正恶的天性。因此，荀子明确提出"涂之人可以为禹"（《荀子·性恶》）的观点，认为普通人只要不断地学习，懂礼行礼，就会达到"通于神明，参于天地"（《荀子·性恶》）的境界，成为和圣人一样有善德的人。在《劝学》篇中，荀子说："学恶乎始？恶乎终？曰：其数则始乎诵经，终乎读礼；其义则始乎为士，终乎为圣人。"这道出了荀子所主张的化性起伪、积善而成的观点。学后还要行，而不是只止于学，而不能仅仅停留在懂礼的阶段，只有"行之"，才能行礼，善德是在行礼的过程中不断积累的。这就是荀子所说的"学至于行之而止矣"（《荀子·儒效》），即做到知行合一达到极致的境界。

荀子认为，礼在个人善德的培养过程中，又进一步调节人的情绪和情感的表达，在促进人的身心健康中又强化了积累的善德。荀子说："礼者，断长续短，损有余，益不足，达爱敬之文，而滋成行义美者也。故文饰、粗恶、声乐、哭泣、恬愉、忧戚，是反也，然而礼兼而用之，时举而代御。"（《荀子·礼论》）有了礼的节制、规范、劝导、滋养作用，贤者表达敬爱之心，不肖者以此来使自己养成美德，人民的情感避免过度表达，兼而用之，相得益彰，有利于身心健康。

（二）荀子的重法观

荀子在国家治理主张中，认识到单纯依靠儒家所强调的道德并不足以教化百姓。他身处战国末期时代变法大潮之中，在继承古代典籍思想的基础上，又吸收和改造了当时法家的一些合理思想，他认为法同样是国家治理的重要规范，提出了"重法爱民而霸"（《荀子·天论》）的法治观。荀子说："法者，治之端也。"（《荀子·君道》）指出"法"是治国的开端。这强调了"法"在治国中的重要性，直接体现了荀子对法治的重视。荀子"重法观"主要通过法的功能、法治原则和统治者对法重视三个方面得以体现。

1. 法是国家正常秩序形成的重要规范

国家的有效治理外在为正常的秩序。在荀子看来，国家正常秩序的形成要靠双重规范，即礼和法，这就是荀子所谓的"隆礼至法则国有常"（《荀子·君道》）。就法的规范来讲，荀子认为只有具备完备法制，国家才会有正常的秩序。在荀子看来，"杀人者死，伤人者刑，是百王之所同也，未有知其所由来者也。"（《荀子·正论》）杀人者偿命，伤人者受刑，这在历代帝王都是一样的，没有人知道它的由来。荀子强调了刑，也就是法在国家治理中的普遍性和必然性，实际上表明了法在国家治理中是不可或缺的。荀子认为正是有法的存在，才可以禁暴治乱，从而维护了社会正常秩序。荀子说："凡刑人之本，禁暴恶恶，且征其末也。"（《荀子·正论》）这里指出用法的根本目的，即大凡刑罚人的根本目的，就在于禁止暴行，反对作恶，并能警示将来。因为在荀子看来，对犯法的人不加以严惩，社会就会发生混乱，民心就不服，国家就不稳定。所以要公布成文法，让大家进退行事有依据，不能随随便便违反法律规定，即所谓"君法明，论有常，表仪既设民知方，进退有律。"（《荀子·成相》）如果有法律依据的就按照法律来办理，没有法律条文可遵循的就按照类推的办法来办理，做到"有法者以法行，无法者以类举"（《荀子·大略》）。

法不仅能刑罚于已然，而且也能发挥预防犯罪的作用。在《荀子·王制》中明确表示"勉之以庆赏，惩之以刑罚"。赏罚是最基本的手段，在必要的时候，要采取非常手段，如"法""术""势"等。君主有了权势，就能确立自己至高无上的地位，也为自己的统治奠定了基础，"天子者，势位至尊，无敌于天下。"（《荀子·正论》）这就强调了刑罚作为德礼教化不足时所发挥的重要补充作用。

2. 慎刑慎罚

重法并不是要施行严刑峻法，荀子认为，对法的重视更需体现在对刑罚的正确使用上，也就是要做到慎刑慎罚。这主要体现在荀子坚持的三方面法治原则上。

首先，先教后诛、大恶立诛的原则。比如对于"奸言、奸说、奸事、奸能、遁逃反侧之民，职而教之，须而待之，勉之以庆赏，惩之以刑罚。"（《荀子·王制》）意思是：对于那些散布邪恶的言论、鼓吹邪恶的学说、干邪恶的事情、有邪恶的才能、逃亡流窜、不守本分的人，就安排强制性的工作并教育他们，静待他们转变；用奖赏去激励他们、用刑罚去惩处他们。也就是说，先对他们进行相应的教化，使他们有谋生的职业，如果能够转化就不要杀掉。在《荀子·富国》中提及"不教而诛，则刑繁而邪不胜；教而不诛，则奸民不惩。"强调不进行教化，而使用刑罚，刑罚用得多就会混乱，却不能克制邪恶；但只教化而不实行惩罚，奸恶的人就得不到惩罚。为此，荀子主张用"六礼七教"来教化百姓，如果不能起到好的作用，就施行刑罚。但是对于首恶分子，大奸大恶之人则需要处死，毫不留情，如《荀子·王制》言及"元恶不待教而诛""才行反时者死无赦"。

其次，罪行和刑罚一致原则。荀子认为罪行和刑罚应该一致，他提出："故刑当罪则威，不当罪则侮。"（《荀子·君子》）强调刑罚与所犯的罪相符合，法律就有威力，刑罚与所犯的罪不相符，法律就会被轻视。如果忽视法律公正与权威的重要性，社会就会产生混乱，即"刑称罪则治，不称罪则乱。"（《荀子·正论》）对于株连的刑罚，荀子也强烈反对。"以族论罪，以世举贤，虽欲无乱，得乎哉！"（《荀子·君子》）荀子指出，论罪时要株连到同族中人，推举要职只看他的家世出身，这样要想不搞乱国家，能办得到吗？他认为个人犯罪，个人伏法，不能株连亲人，甚至也不能影响亲人的仕途。因此，执行刑罚不能超过所犯之罪，这就是荀子所说的"故杀其父而臣其子，杀其兄而臣其弟。刑罚不怒罪。"（《荀子·君子》）只有赏罚分明，人人才能心悦诚服。

最后，坚持公胜私的原则。在实行刑罚时，必须处理好"公"与"私"的关系。荀子认识到"公"对于实行法治的重要性，在《荀子·君道》中荀子说："公道达而私门塞矣，公义明而私事息也。"秉公办事的道路通畅，私人的门道就自然会堵塞了；为公的原则明确，利己的行为就自然会停止了，这就明确地指出倡公才能遏私。在法律中要公胜私，"怒不过夺，喜不过予，是法胜私也。"（《荀子·修身》）对于犯法的官吏，荀子主张也要依法严惩，即所谓"正法以齐官"（《荀子·富国》），只有这样，"百吏畏法循绳"（《荀子·王霸》），法治的一切手段才能最终落到治理的实处。

 知识链接 ⋯⋯⋯⋯⋯⋯⋯⋯⋯⋯⋯⋯⋯⋯⋯⋯⋯⋯

六礼七教

"修六礼，明七教。"出自《荀子·大略》，原文："不富无以养民情，不教无以理民性。故家五亩宅，百亩田，务其业而勿夺其时，所以富之也。立大学，设庠序，修六礼，明七教，所以道之也。"意思是：如果不使百姓生活富裕就无法培养百姓的感情，没有教育就无法改造百姓的思想。所以使百姓每家有五亩的住宅、百亩土地，让他们致力于农事，而不要耽误了农时，这样就可以使他们富裕起来了。设立各类学校，学习冠、婚、丧、祭、乡和相见六种礼节，明确父子、兄弟、夫妇、君臣、长幼、朋友和宾客七个方面的教养，用这些来教导百姓。

在先秦儒家的社会秩序建构中，司徒是掌管民政、教化的官员，其职责是通过冠、婚、丧等礼典来调节人们的性情，向人们灌输父子、夫妇、君臣、长幼等的相处交往应有的道德观念，以建立践礼的社会规范。《礼记·王制》记载："司徒修六礼以节民性，明七教以兴民德。"

"六礼"古指冠礼、昏礼、丧礼、祭礼、乡礼、相见礼。冠礼指男子二十岁的成人礼，昏礼是指人结婚的礼仪，丧礼是人去世丧葬的仪式。冠礼、昏礼、丧礼一起构成了一个人人生的全过程，也可以称为人礼；祭礼是人对先祖的祭祀，体现的是对历史传统的传承；乡礼就是维系宗族乡邻人际关系的礼节；相见礼是指各类人情来往的礼节规定。

"七教"古指父子、兄弟、夫妇、君臣、长幼、朋友、宾客互相间各自应当遵从的伦理规范，即：父慈子孝，兄友弟恭，夫义妇顺，君敬臣忠，尊长爱幼，朋友之道，待客之道等等。

3. 人决定法的施行

《荀子·君道》有言："有治人，无治法。"意思是说治理国家的人才始终存在，但没有始终不变的法规。荀子始终相信在法的实施中人的决定作用。这是荀子重法观的重要内容。荀子认为："法不能独立，类不能自行；得其人则存，失其人则亡。"（《荀子·君道》）这就是说，法制不可能单独有所建树，律例不可能自动实行；得到了那种善于治理国家的人才，那么法制就存在；失去了那种人才，那么法制也就丧失了。因此，荀子说:"君子者,法之原也。故有君子,则法虽省,足以遍矣;无君子,则法虽具,失先后之施,不能应事之变,足以乱矣。"(《荀子·君道》)这就指出君子是法制的本原。所以有了君子,法制即使简略也足够用在一切方面了;如果没有君子,法制即使完备,也会失去先后的实施次序,不能应付事情的各种变化,足够形成混乱了。荀子强调善于治理国家的人对于法制实施的重要性,其目的在于强调国家的统治者是国家法制实施的本原,与法制能否合理实施关系最大。这体现了荀子重法观中对实施法的人的主观能动性的重视。只有合理利用法的统治者,法的治国作用才能真正得到发挥。

荀子将法作为国家治理的重要规范和手段,在继承既往法思想的基础上,又有对稷下的传承和法家的改造,从法的功能、法的实施原则以及人作为法的本原等方面提出了自己的见解和认识,进一步凸显了法在国家治理中的重要地位,以此形成了不同于前人的"重法观"。

(三)荀子礼和法的关系

荀子将礼义和刑罚作为国家治理的双重规范和重要手段,认识到"治之经,礼与刑"(《荀子·成相》)。基于此,荀子提出"隆礼尊贤而王,重法爱民而霸"(《荀子·大略》)的治国理念。他继承孔孟礼法并用思想,认为在国家治理中,既要依靠礼,也要依靠法,二者缺一不可。但是荀子在论礼和法的关系上，往往是礼法并论，不仅推崇礼，而且重视法，常常是礼义法度并提，礼和法在荀子那里做到了进一步融合。但是值得注意的是，在国家治理中，礼和法并不是简单的融合，也不是绝对的平行并列，而是存在着结合基础上的本末关系，即礼本法末。

1.礼统摄法

荀子在《劝学》篇中说："礼者，法之大分，类之纲纪也。"明确指出礼是法律的根本，是万事万物的纲要。

荀子是把礼义作为法度的渊源和依据，从产生的顺序上看，是礼在前，法在后。荀子说："故圣人化性而起伪，伪起而生礼义，礼义生而制法度。"（《荀子·性恶》）很明显，在荀子看来，礼义先生而法度后制，礼义出现时间上早于法度，也就是说，法度是在礼义的基础上才出现的。从产生的逻辑来看，礼作为法产生的根本，它包含着法。荀子说："古者圣人以人之性恶，以为偏险而不正，悖乱而不治，故为之立君上之势以临之，明礼义以化之，起法正以治之，重刑罚以禁之，使天下皆出于治，合于善也。"（《荀子·性恶》）

从礼法的适用对象来看，礼和法也显现出相应尊卑位次。《荀子·成相》中言："由士以上，则必以礼乐节之；众庶百姓，则必以法数制之。"另据《王制》篇记载："听政之大分，以善者至，待之以礼，以不善至者，待之以刑。两者分别，则贤不肖不杂，是非不乱。"在以上论述中，由"礼乐节之""法数制之""待之以礼""待之以刑"可以判断，荀子既提倡儒家的礼，也推崇法家的"法治"，强调礼法并重，但是从适用对象角度来看，又都说明了礼尊法卑的关系。荀子坚持"礼不下庶人，刑不上大夫"的等级论，认为士以上的贵族分子只能施以礼义教化，而对庶人、还有不善者都可以施以刑罚。这鲜明体现了荀子礼尊法卑的认识。

另外，荀子尽管主张"隆礼尊贤而王，重法爱民而霸"（《荀子·大略》），但是对礼、法作用的认识也不同。荀子认为隆礼尊贤就能实现王道政治，这是儒家极其看重的，曾经得到孔孟的推崇。对于荀子而言，隆礼尊贤实现王道政治也是其所极力主张的。与此相对，荀子认为法度只能称霸天下，这是次于王道政治的，这也是荀子所不想倡导的。

由以上来看，在荀子思想中，尽管荀子将隆礼与重法相提并论，但在其思想深处，礼、法的地位并非等同。在他看来，礼是国家纲纪伦常，是国家的根本大法；而法则是礼的辅助和补充，是礼的制度载体。只有懂得法中所蕴含的精神，深谙其中的礼义之道，并努力践行之、运用之，才能称得上是君子。

2. 先德礼，后刑罚

德礼和刑罚在治理过程中孰先孰后，也是礼和法关系的一种体现。荀子继承了儒家德先刑后的思想，在礼法关系上依然体现为先德礼，后刑罚。

在治理过程中，荀子始终主张实施刑罚的法治要在德礼教化之后，而不是一味地采用刑罚。荀子说："故厚德音以先之，明礼义以道之，致忠信以爱之，尚贤使能以次之，爵服庆赏以申之，时其事、轻其任。……政令以定，风俗以一，有离俗不顺其上，则百姓莫不敦恶，莫不毒孽，若被不祥，然后刑于是起矣。是大刑之所加也，辱孰大焉？将以为利邪？则大刑加焉。"（《荀子·议兵》）这段话的意思是，通过提高道德声誉来吸引人民，彰明礼制仁义来指导他们，尽力做到忠诚守信来爱护他们，并且按照尊崇贤者任用能人的原则来安排他们职位，用爵位、服饰、表扬、赏赐去激励他们。这时，政策法令已定，风气习俗已成，如果还有人公然违背，就会受到百姓厌恶，被视为祸畜妖孽而希望除掉他。这就是施以刑罚的时候了。这段话集中体现了荀子先德礼、后刑罚的治理原则。这从荀子对法家不重教化而实施刑罚的治理方式的批驳中可以看得更为清楚。荀子反对法家那种不修礼义而一味用"赏庆、刑罚、势诈"（《荀子·议兵》）的治国方式，认为它们只是"佣徒鬻卖之道也"（《荀子·议兵》），不足以团结大众，也不可能使国家风俗淳美，因而是可耻的，这种治理方式是没有必要效仿遵行的。

需要注意的是，荀子先德礼、后刑罚的治理方式强调的是要充分发挥德礼教化的作用，只有当教化不起作用后，刑罚的方式才加以实施。在荀子看来，那些经过德礼教化依然顽固不化的人是恶人，其所行则是犯罪，对此须加以刑罚以惩处。荀子认为，社会之所以有乱，其中原因就包括对恶人犯罪未做到及时相称的处罚。《荀子·正论》言曰："杀人者死，伤人者刑，是百王之所同也。"意谓杀人的被处死，伤人的被惩罚，这是历代帝王所相同的。因此，"刑称罪则治，不称罪则乱。"（《荀子·正论》）刑罚和罪行不相当，社会就会混乱。因为在荀子看来，"罪至重而刑至轻，庸人不知恶矣，乱莫大焉。凡刑人之本，禁暴恶恶，且征其未也。杀人者不死而伤人者不刑，是谓惠暴而宽贼也，非恶恶也。""罚不当罪，不祥莫大焉。"（《荀子·正论》）概括这段话的意思是罪行很重，但刑罚很轻，平常人就不懂得犯罪的害处，这样量刑，就会出大乱子。为此，荀子认为不可滥施刑罚，"赏不欲僭，刑不欲滥，赏僭则利及小人，刑滥则害及君子。若不幸而过，宁僭勿滥；与其害善，不若利淫"（《荀子·致士》）。奖赏不要过分，刑罚不要滥用。奖赏过分，那么好处就会施加到道德不良的小人；刑罚滥用，那么危害就会涉及道德高尚的君子。如果不幸发生失误，那就宁可过分地奖赏也不要滥用刑罚；与其伤害好人，不如让邪恶的人得利。之所以如此，是因为道德礼义是治国之本，而刑罚则是处在第二位的。

显然，荀子把刑提高到与礼相提并论的地位，认为德礼与刑罚、明德与慎罚是治国平天下的两种不同手段。他说："治之经，礼与刑，君子以修百姓宁。明德慎罚，国家既治四海平。"（《荀子·成相》）这就不仅继承了孔子、孟子强调人的行为自觉性的仁礼主张，而且将孔子、孟子也不回避的刑罚手段上升为与礼并列的一种治国手段。这种德礼与刑罚、明德与慎罚交相为用的治国方略，无疑更能适应古代中国社会治理的需要。

3.重贤人甚于法令

荀子认为，法在国家治理中非常重要，但是法令的制定和实施都在于统治者。在荀子看来，统治者懂礼行礼，其所制定和实施的法就是良法，反之则是恶法。从荀子的主张来看，似是在强调人与法的关系，但是根本上还是在强调礼在法的制定和实施中的根本性地位。从人与法的关系角度来讲，可以说荀子在对待礼法关系上是重贤人甚于法令。

荀子说："君子者，法之原"（《荀子·君道》），意谓君子是法制的本原，这一语道出了荀子还是非常重视礼的作用，把它放在法的本原位置来看待。由此，荀子提出了"治人"比"治法"更重要的观点。对该观点，荀子做了深入的论证，他以"羿之法、禹之法"为例，说明法对人的依赖，或者说，贤人在法的制定和实施中的不可或缺性。在《荀子·君道》中，荀子说："有乱君，无乱国；有治人，无治法。羿之法非亡也，而羿不世中；禹之法犹存，而夏不世王。故法不能独立，类不能自行，得其人则存，失其人则亡。法者，治之端也；君子者，法之原也。故有君子则法虽省，足以遍矣；无君子则法虽具，失先后之施，不能应事之变，足以乱矣。不知法之义而正法之数者，虽博，临事必乱。"这段话表明了荀子的观点，那就是法制是国家安定太平的起点，而君子是推行法制的本原。所以有了君子，法律再简略，也足够用在一切方面。荀子这一观点一方面是在强调法对于治国的重要性，但是更需要注意的是这一观点强调的另一方面，即法重要，我们需要重视法治，但是更应重视法的制定者和实施者。因为人的主观能动性在法治的实施过程中发挥着更为重要的作用。

因此，在荀子看来，法令虽然重要，但根本的还是人的问题，特别是能否任用贤人的问题。有法更要有贤人，用势不如用贤人。君子可以制定和实行良法，小人则只可能践踏法，甚至会利用法去作乱。因为如果只知道法律条文而不明了法中所蕴含的礼义，这样的人，诸如小人，虽然知晓不少法条，但真正用法治理社会问题时则往往适得其反。这从当时的时代来看，荀子的这一观点实际上还是在告诫统治者要重视礼义，要懂礼并行礼，归根结底还是对礼的倡行。

综合以上可见，荀子在礼法关系的认识上，提高了法的地位，强调既隆礼又重法，尽管总体上仍然是坚持了礼本法末的思想，但是荀子通过援礼入法，推进了礼法的结合。荀子所主张的礼，是具有和法一样权威的、具有准则性的社会规范；而荀子所主张的法则是蕴含着礼义的法。因此，在荀子那里，礼治和法治构成了相互融合的治理体系。从治国思想理论来看，荀子隆礼重法思想调和了礼和法这两种不同的治国之道之间的关系，为儒家思想注入了治国济世安民的新内容，使之更加积极入世、更加现实可行，为汉代新儒学奠定了基础。从政治实践上看，它对后世形成礼法合治的治理模式发挥了引导作用。

六、齐鲁文化中礼法之治的时代启示

2023 年 6 月 2 日，习近平总书记出席文化传承发展座谈会时指出，对历史最好的继承就是创造新的历史。孕育成长于齐鲁文化园地中的礼法思想之花，作为中华优秀传统文化的重要组成部分，它顺应了时代召唤，凝结成古代思想家智慧的结晶；同时，它也是对古代治国安邦实际运作的经验教训总结。它不仅为后世提供了治国安邦所依循的思想，而且也形成了中国传统王朝的长久治国之道，对于保持中国传统社会的稳定和发展发挥了重要作用，成为一份珍贵的历史遗产。对齐鲁文化中礼法之治的探究考察，最终目的是让传统礼法思想在继承创新中与现实结合起来，使其活在当下，裨益于新时代社会发展。

人类历史长河奔腾不息，中国特色社会主义进入新时代新征程，新的时代特征对国家治理提出了新的要求。如何有效推进中国式现代化进程中的国家治理，是必须面对且需要探索解决的时代课题。习近平总书记指出："对绵延5000多年的中华文明，我们应该多一份尊重，多一份思考。对古代的成功经验，我们要本着择其善者而从之、其不善者而去之的科学态度，牢记历史经验、牢记历史教训、牢记历史警示，为推进国家治理体系和治理能力现代化提供有益借鉴。""我国古代主张民惟邦本、政得其民，礼法合治、德主刑辅，为政之要莫先于得人、治国先治吏，为政以德、正己修身，居安思危、改易更化，等等，这些都能给人们以重要启示。治理国家和社会，今天遇到的很多事情都可以在历史上找到影子，历史上发生过的很多事情也都可以作为今天的镜鉴。"其中，作为中国优秀传统文化有机组成部分的礼法合治思想，其所蕴含的丰富哲学思想、人文精神、教化思想、道德理念和治理智慧等，无疑可以为新时代国家治理提供有益启示，也可以为文明中国建设和法治中国建设提供有益启发。

（一）厚植新时代国家治理的文化根基

一个国家的发展无论多么现代，却始终割不断、脱不开其历史根脉。中国特色社会主义进入新时代，但是其根脉却深深植根于中华文化的沃土之中，国家治理也不例外。只有植根本国、本民族历史文化沃土，国家治理之树才能根深叶茂。习近平总书记强调：要治理好今天的中国，需要对我国历史和传统文化有深入了解，也需要对我国古代治国理政的探索和智慧进行积极总结①。这强调了今天的国家治理要以我国历史和传统文化作为根基，而不是去找寻别的来简单嫁接。"一个国家选择什么样的治理体系，是由这个国家的历史传承、文化传统、经济社会发展水平决定的，是由这个国家的人民决定的。我国今天的国家治理体系，是在我国历史传承、文化传统、经济社会发展的基础上长期发展、渐进改进、内生性演化的结果。"② 也就是说，今天的国家治理体系建设有其相应的历史文化传统，是在该文化传统基础上发展演进的结果，而文化传统赋予了当今国家治理体系所应有的民族特色。

齐鲁文化中的礼法之治思想是中华优秀传统文化的有机组成部分，孕育并传承了中国传统社会治理文化的基因。管

①《牢记历史经验历史教训历史警示　为国家治理能力现代化提供有益借鉴》，《人民日报》2014年10月14日。

②《习近平谈治国理政》第一卷，外文出版社2018年版，第105页。

子的礼法并举、晏子的礼法并用、孔子的德主刑辅、孟子的德刑并用、荀子的隆礼重法，上述一系列治理理念都蕴含着礼法合治的有益思想，潜移默化地影响着当今的国家治理，厚植了新时代国家治理的文化根基。换言之，当今国家治理中坚持依法治国和以德治国相结合是有其深厚的文化基础和历史逻辑。

在中国传统社会，礼无所不在，它浸润于中国古代社会的方方面面，蕴含着社会运行的规范准则、人民的生活方式和价值取向，是中国古代文明的重要标志。礼的形成是中华民族先人在追求人与自然、人与社会、人与人之间关系和谐的过程中，由先民祭祀祈福的仪式，逐步演化而成的，其起初是作为一整套体现等级秩序的具有意义的仪式规范，因此，礼既有外在仪式，也有内在的意义。它由体现人性、伦理、情感化的文化现象逐渐发展成为具有敬德保民意义的政治主张，从而在政治上具有了约束教化意义的社会规范，进而为统治者作为管理社会群体的手段和方法。伴随礼治的运用，一些思想家，诸如管子、晏子，以及儒家的孔子、孟子、荀子也提出了运用具有惩罚性的"刑"作为治理的手段，强调了法在治理中的作用。尽管他们对礼、法两种手段在治理中的运用有不同的主张，但是他们都认识到，仅靠礼或法单一的手段来治理国家是难以成功的，他们援礼从法，引礼入法，以法释礼，以礼言法，主张礼法并用、礼法合治，逐步形成了礼法合治、德主刑辅的治国理念。

当下推进中国式现代化进程中，国家治理强调坚持依法治国和以德治国相结合，是中国特色社会主义法治道路的鲜明特点，是建设社会主义法治国家必须遵循的基本原则。法治和德治不可分离、不可偏废，国家治理需要法律和道德协同发力，要求法治和德治两手抓、两手都要硬，实现法律和道德相辅相成，法治和德治相得益彰。法治和德治相结合，是内在的、共生的、互济的结合，贯通于全面依法治国的各领域和全过程。而要践行法安天下、德润人心的德法合治之路，齐鲁文化中礼法之治是其深厚的文化根基。

（二）建设新时代的礼仪制度

古代中国礼法合治、德主刑辅等思想对今天国家治理仍有重要启示。这其中很重要的一点就是礼仪制度的建设。

《礼记·冠义》言曰："凡人之所以为人者，礼义也。"这里的礼义是相对于外显的礼仪而言的，实指则为"德"。它是无形的，是靠外显的仪式得以显现。因此，礼源德，德生礼，德是礼的本根，礼为德的产物。齐鲁文化中的礼治思想就其实质而言是"德治"，这不管是在管子、晏子，还是孔子、孟子、荀子的礼治主张中都得以鲜明体现。尤其是在孔子、孟子那里，他们主张德的内发性，靠的是人的自觉自律，不依靠外力的一种约束，是发自内心的一种力量来进行治理。有什么样的德行就表现为什么样的礼仪，反之，有什么样的礼仪也可折射出其内在的德。在这一点上，孔子、孟子认为德礼应该是一致的，即内外合一。而荀子则不然，荀子认为德是不会由人内心自发发挥作用的，而是只能靠外在规范来约束督促，这在荀子看来就是礼。在荀子那里，礼是一种外在约束规范，通过这一规范，来激发引导德的实现，在这一意义上，礼成为德得以实现的工具。这一工具其实就是一系列且成系统的礼仪。综合齐鲁文化中对礼治的认识，可以看出，不管是孔孟所言的德自发产生治理作用，还是荀子主张的德有外力约束引导发挥作用，在这其中礼均是不可或缺的。齐鲁文化中所讲的礼治就其实质而言则是德治，礼只不过是实现德治的工具和载体。因此，德治的实现，没有礼的载体依托是不会发挥治理效能的，当社会处于礼崩乐坏之时，也是德不被重视，治理效能弱化甚至消失的时候，这一点，我国春秋战国礼崩乐坏的时代可做明证。因此，要想使德发挥其治理作用，完整系统的礼仪制度是不可缺少的。

习近平总书记指出："法律是成文的道德，道德是内心的法律，法律和道德都具有规范社会行为、维护社会秩序的作用。治理国家、治理社会必须一手抓法治、一手抓德治，既重视发挥法律的规范作用，又重视发挥道德的教化作用，实现法律和道德相辅相成、法治和德治相得益彰。"[1] 习近平总书记强调了德、法在当今治理国家、治理社会中依然是两种

_____

① 《习近平著作选读》第一卷，人民出版社 2023 年版，第 301 页。

重要手段，其中讲到法律也是道德，是成文的道德。综合来看，当今治理国家、治理社会根本还在于德。但是从齐鲁文化中的礼法之治来看，德的作用发挥要有工具或载体，那就是礼。当然，一定时代有一定时代的道德，一定时代的道德又需要该时代的礼仪与其相适应。为此，推进新时代的德治的实施，必须要建设系统的与新时代道德需求相适应的礼仪，也就是要建设系统的新时代礼仪制度。比如，诚信这一美德是人应该具备的一种内在礼义，如何发挥诚信这一美德在社会中的作用呢？这就需要能够衡量体现诚信这一美德外显的礼仪，即履行了某种礼仪，诚信就会在社会群体发挥其积极的作用。否则，只是认为自己诚信，或者口头承诺诚信，而没有外在的礼仪呈现，诚信这一美德是难以发挥作用的，甚至会发生消极作用。一段时间以来，社会对传统的礼仪制度不够重视，使得整个社会道德缺少外在礼仪的约束规范，没有外显的载体，道德失范的现象屡见不鲜。新时代以来，以习近平同志为核心的党中央高度重视国家礼仪制度建设，强调要有计划地建立和规范一些礼仪制度。我们要以此为契机，努力建设新时代社会礼仪规范，为新时代德治的推行提供强大的制度支撑和无穷的外在规范力。

（三）坚持依法治国和以德治国相结合

习近平总书记多次强调，要坚持依法治国和以德治国相结合。这实际上是在强调法治和德治的结合。新时代德治和法治的结合需要厘清三个方面的问题：德治法治的关系、二者结合的可能性以及如何结合。我们可以从齐鲁文化中的礼法之治来寻找启示。

关于新时代德治和法治的关系，齐鲁文化中的礼法之治思想对礼和法的关系问题进行了阐述，这对当今社会具有积极的启发价值。正如前文所讲，儒家所说的礼一般是指社会等级制度的道德规范和社会规范。"礼"所表现的精神主旨就是"德"，是礼义。而在儒家那里，法则一般指刑法或法则。从孔、孟、荀三者的礼法思想来看，总体上是德主刑辅，也就是说，虽然都强调礼和法两种治理手段，都注意到二者在国家治理中的重要性，但是二者仍有主次先后之别。以孔、孟、荀为代表的儒家在处理德治和法治的关系方面，还是以礼为主，以法为辅。而在管子看来，礼治和法治治理国家的两种途径和手段，他主张兼施并重，强调相辅相成，一方面讲礼而不轻法，另一方面任法而不避礼，主张二者的辩证统一。晏子则有别于管子，主张强礼弱法，更倾向于儒家礼法之治的思想。总的来看，以上观点都体现了一个共同的认识，即礼治和法治向来都是相辅相成、相互促进的，对于一个国家的治理来说，两者缺一不可，不可偏废。对于新时代德治和法治来讲，要结合新时代特征，充分认识德治和法治的地位和功能，在治理国家、治理社会中必须一手抓法治、一手抓德治，既重视发挥法律的规范作用，又重视发挥道德的教化作用，实现法律和道德相辅相成、法治和德治相得益彰。

德治和法治的结合存在一个可能性的问题。这从齐鲁文化中的礼法之治思想的阐述中可以探寻其逻辑。从本体角度来看，礼、法并非一物，二者之间存在很大的差异性。但是，二者都产生于维护社会秩序的需要，在这一点上，二者又具有相同的价值指向和根本目标，也可以说，其功能相同。因此，对于国家治理和社会秩序维护来讲，礼和法可谓是两条途径，但又殊途同归。恰恰是二者之间的差异形成了互补，这为二者的结合提供了逻辑上的可能性。

从实践层面而言，西周以降的齐国和鲁国在诸侯争霸中经历不同的发展之路，鲁国以孔子为代表的儒家始终重视礼在国家发展中的作用，极力推崇恢复周礼，并广泛宣传其礼治思想。但是礼崩乐坏的社会局面在使得儒家思想家慨叹之时，又不得不为"礼"所不能发挥效力的行为找到好的疗治的药方，这就是"法"。但是他们主张所用之"法"是在"礼"统摄下的法，或者说是援礼入法。尽管如此，法还是进入了儒家治理的思想体系之中，与礼相互补充、相互结合，共同维护国家和社会的发展。齐国则不同于鲁国，以管子和晏子为代表的思想家以其开放的视野、包容的心态，将礼和法作为两种治国的途径，兼用并施，最大限度地发挥其治理的效能，使二者辩证地统一于治理齐国的实践之中。可以看出，齐鲁两国不同的发展历程为二者的结合提供了实践的合理性。

关于如何结合的问题，也就是礼治与法治的结合路径和方式的问题。齐鲁文化中的礼法之治思想形成了诸如礼法兼用、德主刑辅、隆礼重法等结合的模式，这些都值得去深入思考。但是，德治和法治的结合需要置于特定的历史形态下去看，因为具有与其相应的社会基础。中国古代社会的宗族结构是传统礼治存在的坚实的社会基础。宗族内部成员关系的维系是基于人伦道德而并非国家的法律，这就必然造成中国古代礼治与法治冲突，尽管二者从总体上看是结合的。因此，古代礼治和法治的结合可以说是一种紧张性的结合。当前，德治和法治的社会基础不同于以往的任何历史时期，我们更需从新时代国家治理的时代特征去找寻二者结合的路径和方式。一方面，新时代确立了社会主义核心价值观，这为德治和法治建构了共通的价值基础和价值取向。法治的价值追求指向社会主义核心价值观，德治的价值追求同样指向社会主义核心价值观。因此，这可以为二者提供有机结合的平台。习近平总书记指出："在推进依法治国过程中，必须大力弘扬社会主义核心价值观，弘扬中华传统美德，培育社会公德、职业道德、家庭美德、个人品德，提高全民族思想道德水平，为依法治国创造良好人文环境。"[1] 另一方面，德治和法治的推行关键在人，因此，要实现二者的有机结合必须培养德法素质兼备的人才。这是新时代实现德治法治有机结合的有效途径。习近平总书记强调："全面

---

① 《习近平著作选读》第一卷，人民出版社 2023 年版，第 301—302 页。

推进依法治国是一项长期而重大的历史任务，要坚持中国特色社会主义法治道路，坚持以马克思主义法学思想和中国特色社会主义法治理论为指导，立德树人，德法兼修，培养大批高素质法治人才。"① 为此，"要加强理想信念教育，深入开展社会主义核心价值观和社会主义法治理念教育，推进法治专门队伍正规化、专业化、职业化，提高职业素养和专业水平。要坚持立德树人，德法兼修，创新法治人才培养机制，努力培养造就一大批高素质法治人才及后备力量。"②

需要指出的是，齐鲁文化中的礼法之治思想，虽然出自先贤哲人对治世之道的思考，代表着那个时代治国理政的最高智慧，但它毕竟产生于农耕社会的小生产基础之上，因而具有不可避免的历史局限性。它强调君王绝对的权威，也强调君王的修身以德，但倚重君王德行的力量，而忽视整个国家制度对君王的约束；它强调上位者的优越地位，强调个体的归顺和服从，但忽视对个体的独立人格、自主意识、进取精神的保障，忽视民众个人的价值、个性的发展；它特别重视礼乐教化的作用，也承认刑罚是有防奸禁暴治乱的作用，但对于社会上必不可少的强制手段重视不够，规则意识强调不够；它强调人的静观平宁的超越，但缺乏情感与理性巨大的张力，缺乏促使人积极进取发奋追求的内在动力。此外，它的一些构想过于理想

---

① 中共中央文献研究室编：《习近平关于社会主义政治建设论述摘编》，中央文献出版社 2017 年版，第 105 页。

② 《习近平谈治国理政》第三卷，外文出版社 2020 年版，第 286 页。

化，缺乏实际操作性。可以说，齐鲁文化中的礼法之治思想不是对彼时社会国家治理的真实描述，而是对心目中的三代及周公之治的缅怀，也是对未来理想社会的美好愿景和殷切期待。因此，我们应清醒地认识到，齐鲁文化中形成的礼法之治是古代社会的产物，它适应了当时时代的发展。其所具有的历史局限性是今天我们学习借鉴时必须要警醒和厘清的。

新时代的国家和社会治理中，单靠道德或者法律都不可能解决社会矛盾，需要法律和道德共同发挥作用。我们应当按照党中央关于全面推进依法治国的统一部署，坚持一手抓法治、一手抓德治，大力弘扬社会主义核心价值观，弘扬中华传统美德，培育社会公德、职业道德、家庭美德、个人品德，既重视发挥法律的规范作用，又重视发挥道德的教化作用，以法治体现道德理念、强化法律对道德建设的促进作用，以道德滋养法治精神、强化道德对法治文化的支撑作用，实现法律和道德相辅相成、法治和德治相得益彰。齐鲁文化中的礼法之治思想蕴含的丰富治理智慧，是新时代国家治理的有益思想源泉，用其智慧结晶涵养新时代的治理思想，并不断付诸实践，这必将在推进中国式现代化、实现中华民族伟大复兴进程中，助力推进国家治理体系和治理能力现代化目标的实现。

参考文献

白奚:《稷下学研究》,生活·读书·新知三联书店 1998 年版。

常金仓:《周代社会生活述论》,吉林文史出版社 2007 年版。

陈来:《古代宗教与伦理——儒家思想的根源》,生活·读书·新知三联书店 1996 年版。

陈荣庆:《荀子与战国学术思潮》,中国社会科学出版社 2012 年版。

程树德:《论语集释》,中华书局 1990 年版。

傅亚庶:《孔丛子校释》,中华书局 2011 年版。

高春花:《荀子礼学思想及其现代价值》,人民出版社 2004 年版。

葛兆光:《中国思想史》,复旦大学出版社 2009 年版。

郭成伟:《社会控制:以礼为主导的综合治理》,中国政法大学出版社 2008 年版。

胡家聪:《管子新探》,中国社会科学出版社 2003 年版。

胡平生、张萌译注:《礼记》(上、下),中华书局 2017 年版。

胡适:《中国哲学史大纲》,北京大学出版社 2013 年版。

惠吉星:《荀子与中国文化》,贵州人民出版社 1996 年版。

蒋伯潜：《诸子通考》，上海古籍出版社 2013 年版。

李宏锋：《礼崩乐盛——以春秋战国为中心的礼乐关系研究文化》，文化艺术出版社 2009 年版。

黎翔凤：《管子校注》，中华书局 2004 年版。

李泽厚：《中国古代思想史论》，生活·读书·新知三联书店 2008 年版。

梁启超：《先秦政治思想史》，岳麓书社 2010 年版。

林中坚：《中国传统礼治》，广东人民出版社 2007 年版。

柳诒徵：《中国文化史》，岳麓书社 2010 年版。

罗焌：《诸子学述》，华东师范大学出版社 2008 年版。

罗根泽：《管子探源》，岳麓书社 2010 年版。

吕思勉：《先秦史》，上海古籍出版社 2005 年版。

马小红：《礼与法：法的历史连接》，北京大学出版社 2004 年版。

孟祥才：《山东思想文化史》，山东人民出版社 2011 年版。

逄振镐：《齐鲁文化研究》，齐鲁书社 2010 年版。

钱穆：《国学概论》，商务印书馆 1997 年版。

（汉）司马迁：《史记》（修订本），中华书局 2013 年版。

汤化：《晏子春秋》，中华书局 2011 年版。

王国轩、王秀梅译注：《孔子家语》，中华书局 2011 年版。

王振民：《晏子研究文集》，齐鲁书社 1998 年版。

王志民：《齐鲁文化与中华文明：王志民学术讲演录》，人民文学出版社 2015 年版。

韦政通：《中国思想史》，上海书店出版社 2004 年版。

邵先锋：《〈管子〉与〈晏子春秋〉治国思想比较研究》，齐鲁书社 2008 年版。

徐树梓：《晏子研究》，社会科学文献出版社 1992 年版。

徐正英、常佩雨译注：《周礼（上下）》，中华书局 2022 年版。

（清）严万里：《商君书》，中华书局 1954 年版。

杨伯峻：《列子集释》，中华书局 1979 年版。

杨伯峻：《孟子译注》，中华书局 2010 年版。

杨伯峻：《论语译注》，中华书局 2013 年版。

杨宽：《战国史》，上海人民出版社 1980 年版。

杨秀宫：《孔孟荀礼法思想的演变与发展》，台北文史哲出版社 2000 年版。

俞荣根：《儒家法思想通论》，广西人民出版社 1992 年版。

战化军：《晏婴评传》，山东人民出版社 2015 年版。

张德苏：《从"礼崩乐坏"到"克己复礼"——周室衰乱与孔子救世的人性思索》，齐鲁书社 2008 年版。

张纯一：《晏子春秋校注》，中华书局 2014 年版。

张固也：《〈管子〉研究》，齐鲁书社 2006 年版。

张焕君：《制礼作乐——先秦儒家礼学的形成与特征》，中国社会科学出版社 2010 年版。

张觉：《荀子译注》，上海古籍出版社 2004 年版。

郑开：《德礼之间——前诸子时期的思想史》，生活·读书·新知三联书店 2009 年版。

周瀚光、朱幼文、戴洪才:《管子直解》,复旦大学出版社 2000 年版。

白奚:《儒家礼治思想的合理因素与现代意义》,《哲学研究》 2000 年第 2 期。

白奚:《儒家礼治思想与社会和谐》,《哲学动态》2006 年第 5 期。

龚剑锋、黄雯铮:《晏子思想的现实意义》,《历史文献研究》 总第 29 辑。

何炳棣:《"克己复礼"真诠》,《二十一世纪》1991 年第 8 期。

侯磊:《〈管子〉中"礼法并用"的再探讨》,《管子学刊》2007 年第 4 期。

李增:《〈管子〉法思想》,《管子学刊》2001 年第 1 期。

刘冠生:《荀子的礼治思想》,《管子学刊》2002 年第 2 期。

马念珍:《中国古代法治思想与当代的依法治国》,《法学探索》 1997 年第 3 期。

马志忠:《略论管仲的"以法治国"思想》,《管子学刊》2006 年第 4 期。

王珏、胡新生:《论晏婴思想的特色》,《理论学刊》2005 年第 1 期。

王强:《〈管子〉法治思想析论》,《管子学刊》1999 年第 3 期。

吴默闻:《荀子礼法合治探析》,《浙江学刊》2015 年第 3 期。

徐树梓:《晏子礼治思想刍》,《管子学刊》1999 年第 4 期。

杨向奎:《关于周公"制礼作乐"》,《文史知识》1986 年第 6 期。

战化军:《晏子治国三议》,《管子学刊》1989 年第 4 期。

张连伟：《论〈管子〉的礼与法》，《重庆社会科学》2006 年第 9 期。

张培国：《孔子礼治思想浅析》，《管子学刊》2002 年第 3 期。

赵玉环：《从〈晏子春秋〉看晏婴的法律思想》，《管子学刊》2009 年第 2 期。